나를
만지지
마라

Noli me tangere

Jean-Luc Nancy

Copyright © Bayard, 2003
3 et 5 rue Bayard, 78008 Paris

나를 만지지 마라

몸의
들림에 관한
에세이

Jean-Luc Nancy
Noli Me Tangere

장-뤽 낭시 지음
이만형·정과리 옮김

2015
문학과지성사

나를 만지지 마라

몸의 들림에 관한 에세이

제1판 제1쇄   2015년 3월 31일

제1판 제4쇄   2022년 9월 19일

지은이   장-뤽 낭시

옮긴이   이만형·정과리

펴낸이   이광호

펴낸곳   ㈜문학과지성사

등록번호   제1993-000098호

주소   04034 서울 마포구 잔다리로7길 18(서교동 377-20)

전화   02) 338-7224

팩스   02) 323-4180(편집) 02) 338-7221(영업)

전자우편   moonji@moonji.com

홈페이지   www.moonji.com

ISBN 978-89-320-2718-0

이 도서의 국립중앙도서관 출판예정도서목록(CIP)은 서지정보유통지원시스템
홈페이지(http://seoji.nl.go.kr)와 국가자료공동목록시스템(http://www.nl.go.kr/kolisnet)에서
이용하실 수 있습니다. (CIP제어번호: CIP2015007623)

차례

일러두기

1. 이 책은 Jean-Luc Nancy, *Noli Me Tangere*, Bayard, 2003을 저본으로 하여 번역하였다.

2. 옮긴이 주註인 경우, 주 앞에 [옮긴이]로 표시했다.

3. 본문에서 문맥상 옮긴이의 추가 설명이 필요한 경우에 [ ]로 표시했다.

4. 원서에서 이탤릭체로 표기한 부분은 고딕체로, « »로 표기한 부분은 " "로 대신했다. ' '로 표기한 부분은 옮긴이가 덧붙인 것이다.

프롤로그

나사렛 예수의 이야기나 전설 중에 서아시아와 서양에 걸쳐진 기독교 성상화 혹은 후기기독교 성상화를 통해 재현되지 않은 에피소드는 분명 없을 것이다. 더구나 이 이미지들이 생산된 시대에는 사회와 문화 전체가 스스로 "기독교 세계"에 속한다고 자임하고 있었다. 화가와 조각가 들은, 그리고 상대적으로 덜하긴 했지만 음악가들도, 수태고지에서부터 승천에 이르는 예수의 생애 전체를, 이 범례적 이야기의 순간들 하나하나를 창작의 모티프로 삼았다.

요컨대 예수의 이야기는 어떤 장면이나 그림들의 연속으로 제시된다. 이야기의 동선動線은 아주 희미하고, 에피소드들은 발전의 계기가 되기보다는 범례적 표상이나 영적인 교화를 베푸는 제단으로서 존재한다. 그리고 이 에피소드들은 빈번히 서로 얽혀 있는데, 특히 비유parabole[1]의 형식에서 그러한 것과 같다. 한데 비유 자체가 예수의 가르침, 혹은 적어도 그의 대중 강론의 고유한 양식으로서 복음서들에서 특별히 지칭된 것이다.[2] 복음서 전체가 한 편의 비유로서 제시된다고 말하는 것도 불가능하지 않다. 이 비유라는 것이 교화적 내용을 이야기를 통해 재현하는 하나의 형상화의 양식이라면, 이는 예수의 생애 전체가 그가 그 자신이라고 말한 진리의 재현이기 때문이다. 그런데 이것은 그의 생애가 보이지 않는 진리를 계시해줄 뿐만 아니라, 그와 똑같은 정도로 그 생애 자체가 스스로를 재현함으로써 자신을 드러내는 진리라는 것을 의미한다.[3] 어쨌든 그

---

1. [옮긴이] parabole이란 예수가 사용한 특별한 비유 형식을 가리키는 것으로, 일반적인 정의는 '영적 세계로 인도하기 위한 비유' 정도가 될 것이다. 이 책에서 특별히 강조되고 있는 의미에 대해서는 본문 및 주 3을 참조하라. 단, 번역 용어에 대해서는 별도로 언급해둘 필요가 있을 것 같다. 옮긴이들은 한국 기독교계에서 일반적으로 사용하는 대로 '비유'라는 번역어를 채택하는 게 타당하다고 판단하였다. 이 단어 앞에 '예수의' 혹은 '예수적 방식의'라는 말이 숨어 있는 것으로 간주한 상태에서 읽어주기를 바란다.

2. 「마태오복음」 제13장 34~35절; 「마르코복음」 제4장 33~34절.

3. 비유는 이 점에서 알레고리와 명백하게 구별된다. 이에 대해 나는 장-피에르 사라자크Jean-Pierre Sarrazac의 확신(『비유 혹은 연극의 유년기*La parabole ou l'enfance du théâtre*』, Belfort, Circé, 2002, pp. 50~65를 참조하라)을 공유한다. 사라자크의 논지는 찰스 해럴드 도드Charles Harold Dodd의 해석학적 테제를 그대로 따른 것이다. [옮긴이] 도드의 해석학적 테제에 대해서는 특히 『신의 왕국의 비유들*The parables of the kingdom*』(1961)을 참조

런 게 기독교적 믿음foi의 핵심 명제proposition이다. 기독교적 믿음 안에서 사람들은 예언자에 의하여 의미가 부여되고 번역되거나 표현된 진리들만을 믿는 것이 아니라, 진리가 아주 특별한 삶 혹은 실존으로서 실제로 현현된다는 것을 또한 믿는다. '또한'이라고 했지만 이것이 우선이며, 아니 사실상 오직 이것만을 믿는 것이다.

하라. 알레고리allégorie는 그리스어 allos(다르게)와 agoreuein(여러 사람 앞에서 말하다)의 합성어로서의 allègorein(다르게 말하다)을 어원으로 갖는데(『철학개념사전*Les notions philosophiques, dictionnaire*』, Paris, P.U.F., 1990, p. 64), 인간의 언어로는 직역될 수 없는 신의 말씀을 전달하기 위해 동원된 지상적 물상들에 근거한 비유를 가리키는 용어였다. 그런 뜻에서 알레고리는 "이것을 말함으로써 다른 것을 말한다"(폴 리쾨르Paul Ricœur, 『해석의 갈등*Le conflit des interprétations—Essais d'herméneutique*』, Paris, Seuil, 2013[초판: 1969], p. 101). 성서해석학적 계보에서는 한편으로 문자 그대로의 의미와, 다른 한편으로 심성적·영적·종말론적이라는 세 단계를 거치며 심화되는 숨은 뜻을 동시에 포함하는 말법을 가리키는 것으로 이해되었다. 그 이후 '숨은 뜻'은 종교적인 수직성으로부터 현실 세계의 '이면'으로 대체된다(12, 13세기의 『여우 이야기*Roman de Renard*』『장미 이야기*Roman de la rose*』가 대표적이다. 한국의 고전에서는 가령 『조침문』 같은 글이 알레고리로 쓰여진 대표적인 작품이다). 여하튼 대체로 알레고리에서는 문자 그대로의 뜻과 숨은 뜻 사이에 일대일 대응 식의 세목 차원의 일치가 있는 것으로 간주되면서, 동시에 이 둘 사이에는 은유의 경우처럼 '교체'가 아니라 '첨가'가 작동하는 것으로 이해된다. 즉, 하나의 형상에 두 개의 뜻이 동시에 전제되면서, 한편으로는 기계적인 일치가 요구된가 혹은 그렇게 이해되는가 하면, 다른 한편으로는 두 의미의 어긋남이 발생시키는 의미의 파열이 야기하는 '각성적' 효과가 주목되기도 한다. 전자의 해이 점에서, 진리는 여기서 그 자체가 비유적이다: **말씀** logos은 형상이나 이미지와 별개의 것이 아닌데, 왜냐하면 **말씀**의 본질적 내용이란 바로 말씀이 스스로 형상을 이뤄, 문득 출현해 제 모습을 드러내는 사람처럼 자신을 직접 소개하고 구현함으로써, 자신을 드러내는 일이 곧 형상의 원

석은 흔히 알레고리를 미숙한 비유로서 폄하하게 하는 근거가 되었는데, 가령 알레고리를 "재현 자체에 대한 흥미를 깨뜨리고, 정신 그 자체를 배척하며, 진실로 재현되는 것을 외면"하는 것으로 공격한 괴테Johann Wolfgang von Goethe의 관점(「조형예술의 대상에 대하여Über die Gegenstände der bildenden Kunst」)이 가장 대표적이다. 하지만 보들레르Charles Baudelaire의 산문시편에 대해 벤야민Walter Benjamin이 적용해서 유명해진 후자의 해석은, 20세기 후반기 이후 지금까지 현대 사회의 '파열성'을 드러내는 가장 효과적인 방법론으로서 알레고리를 바라보는 태도를 확산시켰다. 이 두 해석 사이의 간극이 아주 넓기 때문에 오늘날 알레고리에 대한 견해는 아주 다양하게 확산되어 있다. 낭시와 그가 참조하고 있는 사라자크의 관점은 전자 쪽으로 기울어져 있다. 알레고리에서는 '문자 그대로의 뜻'을 가리키는 측면이 '숨은 뜻'의 측면과 형식적으로만 조응하는 데 비해, 비유에서는 전자의 측면이 후자의 '계시'로서 작동한다(고 이해해야 한다)는 것이다. 단, 둘 사이에 '교체'가 아니라 '계시'가 있다는 것은 유념할 필요가 있다. 이 책 전체는 그 계시의 의미와 형태, 그리고 양상에 대해서 설명하고 있다고 말할 수 있다. 사라자크가 인용하고 있는 장 스타로뱅스키Jean Starobinski의 다음과 같은 풀이는 계시의 핵심을 보여준다: "신의 말씀이 비유어 안으로 깃들 때 후자는 전자를 흐려버린다. 그래서 신의 말씀을 '듣는 행위'가 영적으로 그 말씀에 부응해야 한다. 이 부응이 바로 구원의 길로서 간주되는 것이다"(Charles Harold Dodd, *The parables of the kingdom*, The Scribner Library, 1961, p. 51).

본을 보여주는 것과 같이 되는 일이기 때문이다. "나를 본 사람은 곧 아버지를 뵌 것이다. 그런데 너는 어찌하여 '저희가 아버지를 뵙게 해주십시오' 하느냐?"[4] 보여주어야 할 사물이나 인물은 없다. 드러내거나 계시되어야 할 사물이나 인물은 없다. 계시révélation를 숨은 실재의 드러냄이나 신비의 해독으로 생각하는 것은 기독교나 유일신교 일반의 종교적 혹은 신앙적 양태(재현의 한 형식 또는 주관적 앎의 한 형식이라는 의미에서)일 뿐이다. 그러나 계시는 그 심층 구조에서는 비종교적이고(혹은 종교의 자기해체auto-déconstruction가 작동하고 있다고 할 수 있다)[5] 비신앙적이

---

4. 「요한복음」 제14장 9절(원칙적으로 나는 그로장Jean Grosjean의 『신약성서La Bible, Nouveau Testament』, Paris, Gallimard, Bibliothèque de la Pléiade, 1971의 번역을 따를 것이다). 나는 번역에 관한 논쟁은 유보하고 싶다. 이 에세이에 등장하면서 이런저런 방식으로 도움을 주고 있는 예술가들은 그런 토론을 전혀 알지 못했다. [옮긴이] 한국어 번역은 한국천주교주교회의가 편찬한 『성경』(2013)을 원칙적으로 따랐으며, 프랑스어 번역본과 큰 차이가 있을 때는 문맥에 맞추어 수정하였다.

5. "기독교의 해체"라는 용어로 나는 기독교의 분석—그것을 뛰어넘을 수 있다고 가정된 위치로부터 행해지는— 과 기독교 자신의 내부로부터의 극복(변형을 포함하여)을 동시에 가리키고자 한다. 그 극복은 기독교가 제 안에 포함하면서 동시에 덮어버리고 있는 원천들에 접근하는 것을 허용함으로써 이루어진다. 이 해체에서 본질적으로 문제가 되는 것은 다음과 같다: 기독교는 종교적인 것으로부터 떨어져나가 그로부터 제외될 뿐만 아니라, 그 너머 유신론이냐 무신론이냐라는 초보적인 양자택일의 문제를 벗어나게 되는 자리를 은연중에 지시한다. 실상 이러한 해체는 "성서의 종교들"

며, 계시하는 존재와 계시받는 존재, 즉 "신적인 것"과 "인간적" 아니 차라리 "세속적"이라 할 만한 것 사이의 동일성을 구성한다. 그러한 동일성은 이미지와 원본의 동일성을, 그리고 이에 결과론적으로 연결되는 것이겠지만, 보이지 않는 것과 보이는 것의 동일성을 포함한다.

이에 따라서, 비유들 중의 비유로서 간주되는 복음 이야기는 해석되어야 할 텍스트이자 동시에 진짜로 일어난 이야기로서 제시되며, 진리와 해석은 서로 동일하며 또한 상대편을 통해 동일한 것이 된다. 그렇지만 이 문제를, 진리가 해석의 밑바탕에 출현함으로써 해석을 완성한다는 식으로 이해해서는 안 되며, 혹은 해석이 끊임없이 다시 시도되는 것처럼 진리 역시 무한하고 다양하다는 식으로 이해해서도 안 된다. 진리와 그 형상들의 동일성은 비유의 사유가 정확히 표명하는 의미 안에서 이해되어야 한다. 제자들이 예수에게 스승이 비유를 사용하는 법을 설명해달라고 간청했을 때, 예수는 비유들은 "하늘나라의 신비를 아는 것이 허락되지 않은"[6] 사람들에게 들려주도록 되어 있

인 유일신교 전체에서, 다양한 양태로 작동한다. 이 작업은 언제나 다음과 같은 사실에 부응한다: 이제 "하나"로서의 신은 분명 "하나의 신"이 아니다. 나는 차후에 이 문제를 본격적인 주제로 재론할 것이다. 지금 독자가 읽고 있는 이 짧은 에세이는 이 주제의 자장 안에 있지만, 그것을 단지 측면적으로만 다룬다.

다고 언명한다(그러한 능력이 허락된 사람들이 열두 제자들이다). 그렇다면 "보아도 보지 못하고 들어도 듣지 못하고 깨닫지 못하는"[7] 사람들에게 비유는 그들의 눈을 열어주어 그 형상적figurative 어법을 통해 본래의 의미를 가르쳐주는 것이라고 짐작할 수도 있으리라. 그러나 예수는 그런 식으로는 결코 말하지 않는다. 정반대로 그는 비유들이란 듣는 자들을 위해 '이사야의 예언'을 완성하는 것이라고 언명한다: "너희는 듣고 또 들어도 깨닫지 못하고 보고 또 보아도 알아보지 못하리라."[8] 그리고 정확히 이 맥락 속에서 그는 가장 널리 알려져 있으면서도 가장 역설적인 그의 금언 중 하나를 토해낸다: "가진 자에게 주면 그는 더욱 가질 것이지만, 가지지 못한 자에게 주면 그는 가진 것조차 빼앗길 것이다."[9] 따라서 비유의 목적은 우선은, 보지 못하는 자를 맹목 속에 남아 있도록 하는 것이다. 그것은 형상화를 통한('알레고리allégorie'나 '예시'를 통한) 교육을 실행하는 것이 아니다. 그것은 정반대로 교육의 거부 혹은 부인否認이다.

게다가 "보아도 보지 못하는 자들"이란 분명 신·구약

6. 「마태오복음」 제13장 11절.
7. 「마태오복음」 제13장 13절.
8. 「마태오복음」 제13장 14절.
9. 「마태오복음」 제13장 12절.

의 이런저런 텍스트들 속에서 우상과 우상숭배자 들을 가리키는 용어들임을 주목해야 한다.[10] "우상"의 숭배는 그것들이 허상이기 때문에 단죄되는 것이 아니다. 무엇보다도 이 신들과 그들을 섬기는 눈들이 볼 수 있는 모든 것에 앞서는 '봄la vue'을 제 안에 받아들이지 않았기 때문에 단죄되는 것이다. 그 모든 가시적인 것에 앞서는 투시la vue를 통할 때에만 비로소 신성과 경배가 있을 수 있으니까 말이다. 그렇기 때문에 수령하기 이전에 먼저 갖추고 있어야 한다. 정확하게 말해 수용기관을 갖추고 있어야 하는 것이다. 그리고 이 수용기관이란 그 자체가 이미 받은 것일 수밖에 없다: 이것은 종교적 신비가 아니다. 이것은 수용의 조건 그 자체, 느낌과 감각 일반의 조건 그 자체이다. "신성하다 divin"라든가 "성스럽다sacré"란 단어들은 이 수용성, 혹은 감식이든 느낌이든 육감이든 모든 종류의 감각을 앞서서 받아들이고자 하는 정열 외에 다른 것을 가리키는 것이 아니리라.

비유는 이미지로부터 의미로 나아가지 않는다. 그것은 이미지로부터 어떤 투시로 나아가는 것이다. 그 투시는 미리

---

10. 이 문제에 대해서는 내가 쓴, 「금지된 재현La représentation interdite」, 『이미지들의 밑바탕에Au fond des images』, Paris, Galilée, 2003을 참조하라.

주어진 것일 수도 있고 주어지지 않은 것일 수도 있다. "너희의 눈은 볼 수 있으니 행복하"다고 예수는 제자들에게 말했다.[11] 또는 여러 번 되풀이된 이 말법도 들어보자. "귀 있는 자 들어라!"[12] 비유는 그 말의 뜻을 이미 이해한 사람에게만 말한다. 이미 본 사람에게만 보여준다. 그렇지 않은 사람들에게는 그것은 반대로 보아야 할 것을 감추고, 보아야 할 것이 있다는 사실마저도 감춘다. 이런 생각에 대한 가장 편협하고 가장 안타까운 종교적 해석은 진리가 선택받은 자들에게만, 그것도 경전에 근거해, 아주 소수인 선택받은 자들에게만 주어진다고 하는 해석이리라. 한편, 평범한 종교적 해석은 비유가 모호하고 잠정적인 비전만을 보여주기 때문에 더 깊이 새겨볼 것을 채근한다고 말하곤 한다. 그러나 이것이야말로 분명 경전이 하지 말라고 금하는 것이다(비록 이러한 해석이 흔한 것이라 할지라도). 실제로 경전은 정반대로 비유와 "영적" 투시의 유무가 당장 직접적으로 상호 연관되어 있다고 생각할 것을 요구한다. 의미의 형상화 혹은 문자적 제시에 여러 단계가 있는 것이 아니다. "이미지"는 오직 하나일 뿐이며, 그 앞에서의 '눈뜸 vision'도 '눈멂cécité'도 오직 하나라는 것이다. 물론 예수가

11. 「마태오복음」 제13장 16절.
12. 「마태오복음」 제13장 9절.

그의 제자들에게 자신의 비유 중의 하나를 풀어 설명해준 적이 여러 번 있었다. 그러나 그렇게 할 때조차, 그는 그들로 하여금 그들이 본래 가지고 있었던 '보는 능력la vue'을 회복하게끔 할 뿐이다. 다시 한 번 말하자면, 비유는 눈뜸 혹은 눈멂을 회복시킨다. 그것은 진리에 눈뜨는 힘을 가졌거나 혹은 못 가졌거나 한 상태를 되돌려준다.[13]

따라서 비유는 "원뜻"에 대한 "형상"의 관계 속에 있는 것도 아니며, "실재"에 대한 "외관"의 관계 속에, 즉 모방적 관계 속에 있는 것도 아니다. 그것은 이미지가 보는 능력과 맺는 관계 속에 있다. 이미지는 보여야 보인다. 그리고 이미지는 눈뜸이 그것 안에서 그것을 통해 일어날 때 보인다. 그것은 눈뜸이 이미지를 통해 그리고 이미지 안에서 주어질 때만, 보는 능력이 보게 된다는 것과 마찬가지다. 이미지와 보는 능력 사이에는 모방imitation이 있는 게 아니라 참여participation와 침투가 있다. '봄'이 보이는 것에 참여하

13. 이 능력의 유무의 우연성을 어떻게 생각해야 하는가? 여기에서 선택받음 혹은 은총의 문제를 제기해야 할지도 모르겠으나, 그것은 우리의 주제를 넘어서는 일이 될 것이다. 우리의 문맥과 관련하여, 이렇게 간단히 말하기로 하자. 예수의 제자들은 모두 예수에 의해서 지목되거나 선택된 사람들인데—그럴듯한 이유도 없이, 심지어는 전혀 얼토당토아니하게—그들이 '보는 능력'을 이미 가졌기 때문에 선택된 것이 아니라, 거꾸로 그들이 선택됐기 때문에 그 능력을 받았던 것이다.

고 다시 보이는 것이 안 보이는 것에 참여하는 것, 그것은 바로 '봄' 그 자체와 다를 바 없다(**모방**mimesis 속의 **참여** methexis는 기독교의 탄생과 밀접히 연결되어 있는 그리스-유대 교차배열법des énoncés du chiasme[14] 중의 하나이다).

이러한 사실로 볼 때, 비유는 알레고리의 형식에 전혀 매여 있지 않다. 비유는 그 자신 '보는 능력'을 주는 일 그리고 이미 그것을 갖고 있는 이들에게 "그 이상"을 갖게 해주는 일에 참여한다. 비유 속에는 형상 이상의 것이 있다. 그뿐만 아니라, 반대 방향에서 말하자면, 최초의 의미 혹은 최종의 의미 이상의 것이 있다. '보일 수 있음visibilité'의 증대가 있는 것이다. 아니 좀더 정확하게 말해, '보일 수 있음'과 '보이지 않음invisibilité'의 증대가 있는 것이다.

이런 식으로, 비유들은 자신의 효력을 종교 너머로 뻗쳐 영속화한다. "가라지" "착한 사마리아인" "돌아온 탕아" 혹은 "오후 5시의 일꾼들"[15] 같은 명명과 표현들은 득별한

---

14. [옮긴이] chiasm(e) 혹은 chiasma는 ABBA의 형식을 가지는 모든 표현법을 가리킨다. 가령, "비가 쏠쏠히 내리네. 쏠쏠히 비가⋯⋯"라든가, "하나 속의 모두, 모두 속의 하나" 또는 "먹기 위해 사는 것이 아니라 살기 위해 먹는 것이다" 등의 표현이 모두 해당한다. 한국어로는 통상 '교차배열법'이라고 번역된다. 본문의 언급은 '모방 속의 참여, 참여 속의 모방'이 그리스-유대 세계에서 자주 쓰인 표현이라는 것을 의미한다.

15. [옮긴이] 「마태오복음」 제20장 1~16절. 한국천주교주교회의 편, 『성경』에 이 대목은 "선한 포도밭 주인의 비유"라는 소제목이 붙어 있다.

광채를 내는데, 기독교 일반이나 심지어 세속적인 도덕으로도 결코 환원될 수 없는 의미, 그러나 교양 있는 유럽인이라면 누구나 이 형상들과 결부해 부여할 수 있는 의미가 거기에 더해져 울린다. 분명, 이러한 형상들은 문화 저장고로서는 "선과 악의 갈림길에 선 헤라클레스"[16]나 "숲과 샘의 요정들"과 같은 신화적 형상들과 거의 다르지 않다. 그러나 하나의 차이가 눈에 띈다. 신화적이고 제의적인 문맥에서 나온 헤라클레스와 요정들이 곧바로 우의(알레고리)임을 드러낸다면, 셸링Friedrich Schelling이 신화를 정확히 본래의 권능 안에서 정의하기 위해 주조한 개념에 따르자면, 비유들은 끈덕지게 "자의적tautégorique, 自意的"[17]이다. 즉, 비유는 다른 무엇이 아니라 스스로를 진술하고 있는 것이다. 이 점에서 비유는 우화fables와 같다. 「개미와 배짱이」에는 나태와 앞을 내다보는 근면 사이의 대립 이상의 것이 있다.

16. [옮긴이] 르네상스 시기에 유행한 신화적 주제 중의 하나.
17. [옮긴이] 콜리지Samuel Coleridge가 만든 것을 셸링이 취해 발전시킨 개념으로서, 신화 해석의 한 양식을 가리킨다. 이 양식에 근거하면, 우리는 신화에서 그것이 말하는 것 외부의 어떤 다른 의미를 찾지 말고 그 고유한 의미를 이해해야 한다. 신화의 의미는 신화가 태어난 과정의 의미일 따름이다. 따라서 '자의'는 '우의'의 정반대이다. tautégorique는 그리스어 tauto(같다)와 agoreuein(말하다)을 결합한 말로, 단어 합성은 allégorie에 근거했다. 한국어 철자의 동일성으로 인해 자의(arbitraire, 恣意)와 혼동해서는 안 된다.

거기에는 형상, 음영, 이름 들, 그리고 의미의 원천들—개념들만 가지고는 솟아오르게 할 수 없는—을 끊임없이 튀어 오르게 하는 음향들이 있는 것이다. 요컨대, 우화의 진실은 언제나 "도덕적 교훈"이 제공하는 의미를 넘어 과잉되는 것 속에 있다. 의미 너머: 즉, 보이는 형상의 아름다움 한가운데에 보이지 않는 것. 그런데 우화는—파이드루스Phaedrus[18]에서 라퐁텐La Fontaine[19]에 이르기까지—환상에서 깨어난 전형적인 진실만이 중요하다는 점에서 신화와 갈라진다. 우화는 신화의 뒷면, 신성의 위대함이 없는 교훈이다(신화라면 오직 유한자들의 비극적 추락이라는 교훈만을 가지고도 불멸의 위대함을 얻는다).

그러나 기독교적 비유는 다른 길을 연다. 그 길은 근대 문학 전체가 뭔가 본질적인 관계를 맺었을 수도 있는 길이다(혹은 근대예술 전체라고 말할 수도 있으리라. 어떤 의미에서는 이 조그만 책자는 얼마간 이 가설을 해명하는 데 바쳐져 있다). 그 진리의 과잉성은 일반적 교훈의 애매모호함과는 무관하다. 후자의 막연함은, 다양한 차원에 개입하여 경우마다 별개의 교훈으로 작용하면서도 동시에 하나의 규제원리를 제공하려 하는 데서 발생한다. 그것과는 달

---

18. [옮긴이] B. C. 50~15. 로마의 우화 작가.
19. [옮긴이] 1621~1695. 프랑스의 우화 작가.

리, 기독교적 진리의 과잉성은 언제나 무엇보다도 그것의 발송지점 혹은 도착지점의 과잉이다: "귀 있는 자 들어라!" 듣는 능력 혹은 듣고자 하는 성향을 작동시키는 꾀가 우선 없다면 "메시지"란 없다—좀더 섬세하게 말해서, 그것들이 메시지 자체 안에 있지 않다면, 메시지란 없는 것이다. 이것은 '촉구'("주목!" "귀를 기울여요!" 등과 같은)가 아니다. 이것은 '고지告知'다: 당신이 이해할 수 없다면, 그 원인을 텍스트의 어두컴컴함 속에서 찾지 말고, 당신 안에서, 즉 당신 가슴의 어두컴컴함 속에서 찾으시오. 메시지 안에 포함된 내용보다, 이것이 우선한다. 여기에 메시지가 있다. 그런데 이 메시지는 그것을 받아들이길 원하고 그럴 줄 아는 이, 부름받기를 원하고 그럴 줄 아는 이를 위한 메시지다. 메시지는 닫힌 귀에는 아무것도 말하지 않는다. 반면, 열린 귀에는 어떤 가르침 이상의 것을 말한다. 의미에 모자라거나 의미를 넘치거나. 단박에, 그리고 매번 특별하게, 완전한 무의미거나 전적인 진실이거나 한 것을.

이렇게 텍스트는—혹은 말씀la parole은—우선, 그의 고유한 의미에 앞서(혹은 그 의미 너머로 무한히), 청취자를 요구한다. 이미 이 텍스트의 고유한 청취 속에 들어선 이를. 결과적으로 텍스트 자체 안에 들어선 이를. 거기에 더하여 의미[20]의 내적 운동과 그 의미를 넘어서는 움직임, 그리고 그 **해소**에까지도 들어선 이를 요구하는 것이다. 이러한 요구는 또한, 비유가 들을 줄 아는 귀를 기대하고 있으며, 그러한 귀에 내재한 듣는 능력을 열어줄 수 있는 것은 비유 그 자신이라는 것을 의미한다. 마찬가지로, 나중에 말하게 될 일이지만, 저자는 그의 고유한 독자를 발견해야 하는 것이다. 혹은, 이 역시 같은 얘긴데, 자신의 고유한 독자를 창조하는 이는 바로 저자 자신이다. 언제나 문제가 되는 것은 의미의 출현 아니 과잉-의미l'outre-sens의 출현이다. 즉, 내가 말 건네는 소리를 스스로 듣는 동시에, 타인의 목소리를 통해 나 자신의 귀와 더불어 타인의 귀에까지 대답이 전해지는 것을 듣게 되는 특별한 메아리의 울림이 중요한 것이다.

20. [옮긴이] 여기에서 '의미sens'는 감각적으로 체험되어서 획득되는 의미를 가리킨다. 정확히 말하면 의미-감각, 혹은 감각으로서의 의미이다. 이 말을 적절히 옮길 만한 한국어 단일 명사는 없다. 이것을 '감각'이라고 번역하면, 순전히 '육체적'인 것으로 오해될 수 있다. 반면, '의미'라고 번역할 경우 그것의 체험적 성격이 지워질 수 있다. 그런데 한국인의 어휘 체계 안에서 의미는 감각을 포함할 수 있지만 감각은 의미를 배척한다는 게 옮긴이들의 생각이다. "그건 정말 훌륭한 뜻이오"라고 말했을 때의 '뜻'은 그 훌륭함의 양상으로 현시하는 행동의 '의의'를 포함하고 있다. 또한 "우리는 의미 있는 삶을 살아야 해"와 같은 문장에서, '의미 있는' 삶이란 가치가 있는 경험으로 가득한 삶을 가리킨다. 반면, "그거 정말 화끈해"라고 말할 때, '화끈'이라는 감각은 '그 내용과 무관하게' 혹은 '그 내용을 넘어서'라는 뜻을 포함하고 있다. 이런 점을 고려하여, '의미'라는 번역어를 택했음을 알리며, 독자들께서는 이 '의미'의 복합적 의미를 고려하여 읽어주기를 바란다.

이게 믿음la foi과 신앙la croyance을 화해가 불가능하게끔 갈라놓는 것이 아닐까? 왜냐하면 신앙은 타인에게서도 신앙이 증명되고 강화될 수 있는(그는 선한 존재이다. 그는 나를 구원한다) 일종의 동일성을 제기 혹은 가정하는데 비해, 믿음은 어떤 예기치 않은 부름이 타인으로부터 들려오는 걸 허용하는 것, 나 자신도 알지 못하는 어떤 청취의 상황 속에 스스로가 놓이는 것을 허용하는 것이기 때문이다. 그런데 이렇게 신앙과 믿음을 갈라놓는 것은 똑같이 종교와 문학·예술을 갈라놓는 것이기도 하다. 전제가 있다면, 이 용어들을 완전히 참다운 의미로 이해한다는 조건하에서. 실로 듣는 게 문제다. 우리 자신의 귀로 하여금 듣게끔 하여 그것이 듣는 것을 듣는 것, 우리 자신의 눈으로 하여금 보게끔 하여 그것이 보는 것을 보는 것 말이다. 그 눈과 귀를 열면서 그것들의 열림 속에 스스로는 저물어버리는 바로 그것을.

떠남

「요한복음」의 한 에피소드는 이 '사라짐 속에서의 돌출'이라는 사건의 범례를 제공하는 데 매우 적절하다. 그 에피소드는 예수에 의해 말해진 비유가 아니라, 그의 생애와 그의 소명을 통째로 가리키는 비유의 장면이다. 이 장면에서 그는 말하고 말을 건네고 그리고 떠난다. 그는 그가 여기에 있다고 말하기 위해, 그리고 그가 곧 떠날 것이라고 말하기 위해 말한다. 그는 사람들에게 자신이 사람들이 그가 있다고 믿는 곳에 있지 않고, 그가 이미 다른 곳에 가 있으며, 그러면서도 바로 현존하고 있다고 말하기 위해 말한다: 여기에 있다, 그러나 여기가 아니다. 사람들에게 이해하도록 하기 위해. 타인으로 하여금 보고 듣도록 하기 위해.

이 에피소드는 '나를 만지지 마라Noli me tangere'[1]라는 제목으로 알려져 있다. 특히 회화에서 자주 다루어졌는데, 하지만 '수태고지'나 '십자가에 못박히심'과 같은 기본 에피소드들보다 적게 다루어진 것은 말할 필요가 없고 심지어 연관이 있는[2] '엠마오로 가는 두 제자에게 나타나신' 에피

---

1. [옮긴이] 「요한복음」 제20장 11~18절. 한국어 『성경』에는 "마리아 막달레나에게 나타나시다"라는 소제목이 붙어 있다. 그리고 이 문장은 "나를 붙들지 마라"로 번역되어 있다. 예수의 이 말은 그리스어로는 "Mè mou haptou," 라틴어로는 "Noli me tangere"로 번역되었다. 그리스어에서는 '만지다'와 '붙들다'의 두 가지 의미가 동시에 들어 있었는데 라틴어에서는 '만지다'라는 뜻으로만 축소되었다. 그래서 불어로는 "Ne me touche pas"로 번역되었고, 영어의 킹 제임스King James 판에서는 "Touch me not"이라고 번역되었다. 그러나 영어 표준번역New Revised Standard 판에서는 "Do not hold on me"로 바뀌었다. 흥미롭게도 한국어 성경들에서는 통상 "나를 붙들지[혹은 붙잡지] 마라"로 번역되었다("만지지 마라"로 번역한 성경도 간혹 있다). 그런데 이 책에서는 '만지는 감각'이 이 말의 핵심으로 다루어지고 있으며, 저자는 이 점을 특별히 고려해 제목을 라틴어 번역 문장으로 삼았다. 따라서 이 번역에서도 같은 관점을 적용하는 게 타당하다고 판단하였다. 덧붙여, '마리아 막달레나'와 '막달라 마리아'는 같은 사람에 대해 자주 섞어 쓰이는 두 가지 한국어 호칭임을 부기해둔다.

2. '나를 만지지 마라' 에피소드는 또한 예수님의 상처를 만지는 '의심 많은 도마(토마스)'의 에피소드(「요한복음」 제20장 24~29절)와도 연관이 있다. 하지만 각 에피소드에 바쳐진 그림의 수를 헤아리는 것은 내 능력 밖의 일이다. 양적 차이는 장면들의 신학적·영적 중요성에 관계하며 동시에 구상예술계에서의 그 장면들의 반향—혹은 그 장면들이 회화에 대해 호소하거나 호출하는 것—에 관계한다. 어쨌든 정확히 '나를 만지지 마라'의 경우에서는 뚜렷한 모호성을 감지할 수 있다. 바로 이 점에 대해 우리는 그 장면의 감각적 함의와 막달라 마리아라는 인물과 관계해서 말해보려고 한다.

소드[3]보다도 덜 다루어졌다. 분명 회화만이 독보적으로 예수가 한 말을 그대로 제목으로 삼는다(때때로, 매우 희귀하긴 하지만, 렘브란트가 '무덤에서의 예수 그리스도와 막달라 마리아'라고 이름 붙이듯, 제목을 "마라noli"라는 예수의 말이 발성되기 전에 위치시켰다. 아마도 거기에는 **접촉하다**라는 모티프를 회피하거나 우회하려는 의지가 작동한 것으로 보인다). 예수(혹은 다른 인물들)의 다른 말들 중엔, 그 역시 범례적 인용 혹은 관용구의 지위(가령, "자캐오야, 얼른 내려오너라"[4]나 "나사로[라자로]야, 일어나라"[5]와 같은)에까지 오르긴 했지만 그 장면 자체에 제명이 붙어 회화 모티프가 되는 데까지 이르지는 못한 경우도 많다. 반면, "나를 만지지 마라"는 그런 상태에까지 이르렀으니, 흔히 "부활의 사건une Résurrection" "엠마오에서의 저녁식사" 장면이라고 말하는 것과 마찬가지로 "나를 만지지 마라" 장면이라고 말하는 게 가능하다. 이렇게 말하는 게 더 낫겠다. 그 어법(이걸 뭐라 지칭할까? 이 어법은 금언의 형식을 갖추지 않고 있지만 단순한 '말'을 넘어서는 것이다······)은 복음적 장면과 명백한 연관이 없는데도 종종 예술작품들에 제목으로 채택되어 쓰이는 운명을 누렸다.[6] 어

---

3. [옮긴이] 「루카복음」 제24장 13~35절.
4. [옮긴이] 「루카복음」 제19장 1~10절.
5. [옮긴이] 「요한복음」 제11장 38~44절.

떤 식물이 그런 이름을 갖는 영광을 입는 것과 마찬가지로 말이다.[7]

이런 복된 운명에 대한 이유를 당장 찾으려 하지는 말자. 게다가 그 이유란 필경 복음서의 말씀치고는 매우 종교적이지 않은 것이리라. 놀리 메 탄게레, 즉 "나를 만지지 마

6. 가령, 필리핀 작가 호세 리살José Rizal의 유명한 희곡에 그 이름이 그대로 쓰였으니, 그 작품은 영화화되고 뮤지컬로도 옮겨졌다([옮긴이] 리살의 『나를 만지지 마라』는 원래 소설로 발표되었다. 이를 희곡이라 지칭한 게 저자의 착각으로 인한 것인지 아니면 희곡화된 작품이 따로 있었는지는 분명치 않다). 또한 현대 예술가들(특히 아르망Arman, 세이드 알라비Seyed Alavi 혹은 샘 테일러 우드Sam Taylor Wood)의 다양한 설치작업들, 성적 방탕에 관한 이야기를 담은 책(마리 L. Marie L.), 자크 리베트Jacques Rivette의 영화(「아웃 1: 나를 만지지 마라Out 1: Noli me tangere」), 그리고 무용들(샬럿 빈센트Charlotte Vincent), 앤 불린Anne Boleyn에게 바쳐진 토마스 와이엇Thomas Wyatt(1503~1542)의 시, 더 나아가 1860년경 문장紋章들에 새겨진 금언이나 어느 분리파의 깃발, 심지어 고양이 혈통 이름에까지도 그 제명이 쓰였다. 예전의 의학에서, 그것은 또한 종양의 이름이기도 했는데, 그 종양은 완전히 절제할 수 없다면 성날 수도 있으니까 건드리지 않는 게 차라리 낫다고 여겨졌었다. 복음서의 문장 중에서 이만큼 널리 퍼뜨려진 건 거의 없다. 우리는 심지어 오귀스트 빌리에 드 릴라당Villiers de l'Isle-Adam의 콩트인, 방탕한 여인을 여주인공으로 다룬 「마리엘Maryelle」에서도 그걸 발견할 수 있는데, 그 작품은 이렇게 시작한다: "마빌Mabille에서의 그녀의 사라짐, 새로운 태도, 짙은 화장의 은근한 우아함, 마지막으로 '나를 만지지 마라'라고 말하는 듯한 그녀의 자태……" (더 나아가 음악에서의 쓰임에 대해서는 주 1[p. 91]을 참조하라).
7. 접촉에 반응하는 봉숭아과의 한 변이종인 Impatiens noli tangere를 가리킨다. 뭔가가 닿으면 씨를 잃는다.

라"는 관능적 몸짓이나 폭력, 물러남, 두려움이나 조심스러움으로 인한 몸 비킴 등과 관련된 접촉의 금지를 환기시키는 것이지, 순수하게 종교적이거나 신성한 특성을 부여하는 무엇을 우선적으로 환기시키는 것은 전혀 아니며, 하물며 신학적이거나 영적인 성격의 것들과는 더더욱 관련이 없다. 긴 세월 동안 이 말들이 언급될 때 요한이 그것들을 쓴 문맥에 대해 명시적인 준거 자료가 제공된 적은 없었다. 이 경우엔 복음서에서 특별히 뽑을 만한 말로서 주목을 받았다기보다는, 복음서 자신이 바깥 저잣거리의 잡담에서 얘기되던 것을 끌어온—복음서가 '포도밭 소작인'[8]이나 '젊은 노름꾼' '강도를 만난 여행자'[9] 이야기 같은 세상 잡사를 끌어와 그것들을 '비유'로 만든 것과 비슷한 방식으로—이야기 중의 하나로 여겨지곤 했다.

"나를 만지지 마라"는 특별히 돋보이는 언어적 구성을 보여주는 것도 아니고 '개인어법'에 속하는 것도 아니다. 하지만 이것은 그 자체로서 특별히 문맥을 확산시킨다는 특성을 가지고 있는 문장이다. 같은 형식으로 구성된 "내게 말하지 마라"와 같은 문장이 특정한 맥락(가령, "지금은 침묵이 필요한 때이다" 혹은 "나는 듣고 싶지 않다," 또는

---

8. [옮긴이] 「루카복음」 제20장 9~19절; 「마태오복음」 제21장 33~46절; 「마르코복음」 제12장 1~17절.
9. [옮긴이] 「루카복음」 제10장 25~37절.

"나는 네 말을 믿지 않는다" 혹은 거꾸로 "나는 너를 이미다 알고 있어")에 대한 기대 속에서 유예되는 데 비해, "나를 만지지 마라ne me touche pas"는 불가피하게 어떤 위험으로부터의 방어라는 심역心域("너는 나를 다치게 할 것이다" 혹은 "내가 너를 다치게 할지 모른다" "너는 나의 온전함을 망치려 하는구나," 또는 "나는 나를 지켜야 할 듯하다")에 특별히 위치한다. 이 사태를 간단히 말하기 위해, 어쩔 수 없이 말을 만들어내자면, "나를 만지지 마라"는 만지는 toucher 표현법, 모든 맥락을 제거할 때조차도 만지고 있지 않다고 할 수 없는 표현법이다. 이 표현은 접촉하는 동작 일반을 언표하고 있는 것이다. 혹은 접촉이 감각적으로 느껴지는 지점을 만지고 있는 것이다. '만지다'라는 동사가 구성하고 있는 바로 그 지점을 말이다(요컨대 '만지다'라는 동사 자체가 그것이 느껴지는 "그" 지점이다). 그리고 그 동사 안에서 그 느껴지는 지점이 이루고 있는 것을 손대고 있는 것이다. 그런데 이 지점은 정확하게 말하면 '만지다'라는 동사가 범접하고 있지 않은 지점, 접촉(접촉의 기술, 촉감, 접촉을 통해 행할 수 있는 축복)을 시행하기 위해서 [아직] 접촉이 일어나서는 안 되는 지점이다: 그 지점 혹은 넓이 없는 공간은 '만지다'라는 동사가 끌어모으는 것을 분리시키는 지점, 즉 만져지는 것에 대한 접촉과 접촉의 동작 자체를 분리시키는 선線이다.

문화와 예술이 이 문장을 앞 다투어 다루어왔다면, 그것은 틀림없이 복음서가 이 '접촉'의 내재적인 분리, 즉 프로이트가 찾아냈던 것처럼,[10] 결코 경계를 뛰어넘을 수 없는 아슬아슬한 근접—바로 이것이 접촉을 '성스러움'의 구성적 구조로서의 터부의 중심 역할로 만들어놓는다—이라는 상황에 직면해서, 자신 밖으로 찾으러 나갈 수밖에 없었던 어떤 무엇을, 문화와 예술은 복음서 안에서 찾아내려 했다는 것을 가리킨다. 만질 수 없는 것—힌두교의 파리아paria[11]는 우리 서양인의 눈으로는, 이 '만질 수 없음'을 가장 강력하게 보유한 형상이다—은 신성한 것이 있는 곳이라면 어디에든 나타난다. 다시 말해, 어떤 물러남retrait, 거리, 변별 그리고 '측정할 수 없음'을 보여주는 것이 있는 곳이라면 어디에든 그것들에 대한 감정을 수반하면서(혹은 구성하면서) 나타나는 것이다.

예수와 더불어 우리 서양의 (탈)신성성을 개시하는 또 다른 형상 혹은 그의 다른 형상이 아니라면 분명 그의 탁월한 짝패인 외디푸스가 콜로누스에서 사라지기 위해 근처 숲 쪽으로 멀어질 때 그를 따르는 사람들에게 한 다음

---

10. 프로이트의 『토템과 터부Totem et Tabou』 2부 2장을 참조하라.
11. [옮긴이] 힌두교의 '파리아'는 최하층의 천민으로 네 계급으로 구성된 카스트 제도의 울타리 바깥으로 배척된 존재들을 가리킨다. 그들을 만지는 것은 '오염'으로 간주된다.

의 말은 의미심장하다: "이리들 오시게. 하지만 나를 만지지는 마시게나."[12]

그런데 어떤 의미에서는 기독교에서는, 하느님의 몸 자체가 마시고 먹을 것으로 주어진 이래 어떤 무엇도 어떤 사람도 만질 수 없는 것은 없다. 다양한 의례들, 특히 정통 가톨릭의 의례들이 매우 일상적으로 이런저런 훈령들을 만들어 [하느님의 형상을] 만지는 걸 금지하거나 혹은 미리 몸을 깨끗이 하는 절차가 없이는 만지지 못하게 하고 있지만, 기독교의 본래의 생각이나 움직임이 그런 명령과 무관하다는 사실은 엄연하다. 다른 측면에서 보자면, 기독교는 접촉의 종교, 감각의 종교, 몸과 마음에 직접적으로 현존하는 종교를 발명했다고 할 수도 있다. 그리고 이런 정의에 입각해서 보면, '나를 만지지 마라'라는 장면은 일종의 예외, 신학적 유일 사례hapax[13]에 해당할 것이다. 어쩌면 그것은 "받아라, 이는 내 몸이다Hoc est corpus meum"[14]와 "나를

---

12. 소포클레스, 『콜로누스의 외디푸스Œdipe à Colonne』 제1544행. 소포클레스는 '만지다'라는 뜻으로 psauô라는 동사를 쓰고 있는데, 이 동사는 산문에서는 우리가 곧 언급하게 될 haptô보다 더 희귀하고 덜 사용되는 단어다. 후자의 의미가 '대다'의 의미 영역에 훨씬 가까운 데 비해, 전자의 의미는 '스치다'의 의미 영역에 속한다.

13. [옮긴이] hapax는 활용 예가 한 번밖에 없는 낱말을 가리킨다.

14. [옮긴이] 예수가 최후의 만찬에서 빵을 들고 제자들에게 하신 성찬례의 말씀이다. 「마르코복음」 제14장 22절; 「마태오복음」 제26장 26절.

만지지 마라"라는 두 말씀을, 하나의 모순어법적인 혹은 역설적인 양태로서 함께 생각하기를 요구하는 것일 수도 있다. 실로 정말 중요한 건 이 역설일 것이다.

그런데 이 장면에서 정말 예외적인 것은, 복음 이야기의 내부로부터 고려할 때, 다음과 같은 특성이다: 여기에서 그리스도는 의도적으로 그의 부활한 몸을 만짐으로부터 격리시키고 있다는 것이다. 어떤 순간에도 예수는 사람들이 그를 만지는 것을 금지하지도 거절하지도 않았다. 그런데 여기에서, 부활한 아침 그가 최초로 나타나는 그 순간에 그는 막달라 마리아의 몸짓을 제어하고 경고하고 있는 것이다. 만지면 안 되는 것, 그것은 부활한 몸이다. 우리는 또한 그것이 만지는 게 불가능하기 때문에 만져져서는 안 된다는 것을 잘 이해할 수 있다. 그 몸은 만질 것이 아닌 것이다. 그러나 이러한 사실이, 그의 몸이 공기화된 육체, 혹은 비물질적인 몸, 유령의 몸, 환영으로서의 몸이 되었다는 것을 뜻하는 것은 아니다. 이어지는 텍스트는—조만간에 다시 한 번 언급될 터인데—이 몸이 만져질 수 있는 것임을 잘 보여준다. 혹은 차라리, 이 몸은 당연히 일어날 수 있는 접촉으로부터 빠져나가고 있다. 그 몸의 존재함, 그리고 그가 부활했다는 진실이 이 빠져나감 속에 있으며, 바로 그것이 문제가 되고 있는 '범접'의 척도를 제공하는 유일의 기준이다: 즉, 그를 만지지 않으면서 그의 영원성에 다가가라는 것이 그것이다. 그의 명백한 현존을 만져서 느끼지 않으면서도 그의 떠남 속에 존재하는 그의 진짜 현존에 다가가라는 것.

「요한복음」의 그리스어 원본에서, 예수의 말은 이렇게 기술되어 있다: "Mè mou haptou(메 무 합투)." 동사 haptein("만지다 toucher")은 동시에 "붙들다, 멈추게 하다"라는 뜻도 함의한다.

그리스도는 저지당하기를 원하지 않는 것이다. 왜냐하면 그는 떠나고 있기 때문이다. 그는 그것을 대번에 말한다. 그는 아직 '아버지'를 만나지 않았다. 그리고 아버지를 향해 떠난다. 그러한 그를 만지는 것, 그를 멈춰 세우는 것은 직접적 현존에 집착하는 것이 될 것이다. 그리고 그렇게 해서 그를 만졌다고 착각함으로써(현재 있는 자의 현존을 믿는 것), 그를 떠나지 못하게 할 수 있는 것이다. 그런데 진정한 접촉과 현존은 그 떠남을 통해서만 우리에게 다가오는 것인데 말이다. "부활"은 이렇게 해서만 그 비종교적 의미를 발견하게 된다. 종교에 있어서, 한 현존의 거듭됨은 불멸적 존재라는 환상적 담보에 근거하게 되는데, 여기에서는 오직 '떠남'이라는 사건을 통해 드러날 뿐이다. 떠남 속에서 현존은 사라지고, 사라지면서 그것은 저의 의미를 떠남을 통해 얻게 된다는 것이 드러나는 것이다. 부활이 일어날 때, 그는 떠난다. 다시 말해, 부활은 현존에 무엇인가

렘브란트, 1638년, 버킹엄 궁전 엘리자베스 2세 소장, 런던

알브레히트 뒤러, 「목판 소小 수난」 연작 중 부분, 1511년경, 영국박물관, 런던

베첼리오 티치아노, 1512년경, 내셔널갤러리, 런던

자코포 다 폰토르모, 1513년, 카사 부오나로티, 피렌체

알론소 카노, 1640년경, 부다페스트미술관, 부다페스트

아폴로 브론치노, 1561년, 루브르박물관, 파리

장자 미상, 생 막시맹 교회당, 프로방스

안토니오 코레지오, 1518년, 프라도미술관, 마드리드

를 보태 그 한결같은 동일성을 영구화시키고 무한히 적용되게 하고 무한히 의미하게 한다는 뜻으로서 일어나는 것이 아니다. "부활résurrection"은 융기surrection이다. 즉, 내 마음대로 다룰 수 없는 것, 타자인 것, 사라지는 도중에 있는 것이 **몸 자체 안에서, 몸으로서** 돌출surgissement하는 것이다. 이것은 마술이 아니라 마술의 정반대다: 죽은 몸은 죽은 채로 있다. 그리고 그것이 무덤의 "비어 있음"을 이루는 것이다.[15] 그러나 나중에 신학에 의해서 "영광스런"(즉, 볼 수 없는 존재의 광휘 속에서 빛나는)이라고 명명될 몸은 이 빔이 바로 현존의 비워냄이라는 것을 가리킨다. 이곳에서는 구할 만한 것이 없다. 이 유한한 인생의 의미를 붙잡으려 하지 마라. 근본적으로 멀어져가는 것, 그리고 멀어지면서 그 거리 자체로 당신에게 영향을 미치는(거리가 벌어지는 순간부터 당신에게 영향을 미치고, 또한 그 거리를 통해서 당신에게 영향을 미치기도 한다는 이중적인 의미에서) 것을 범접하거나 멈춰 세우려 하지 마라. 그것은 너의 기대를 결정적으로 배반하면서, 일어서지 않는 그것 자체를 네 앞에 너를 위해 일어서게끔 하는 것이다. 그리고 그것의 융기 혹은 봉기insurrection는 그대를 낙담시키고 부활을 향해

---

15. [옮긴이] 죽은 몸이 죽은 채로 있기 때문에 의미 부재, 즉 공허(빔)의 상태에 있다는 뜻이다.

뻗은 그대의 손을 떼어놓는 일에 몰두하는 영광인 것이다. 왜냐하면 그 영광의 눈부심은 무덤의 빔과 다른 것이 아니기 때문이다. "부활하는 존재"는 어떤 것을 다른 무엇에 중개하지 않는다. 그것은 그것들이 어떻게 해서 여전히 부재인지를, 즉 사람들이 만져볼 생각을 아예 할 수 없는 계속되는 멀어짐인지를 드러낸다("계시한다"). 왜냐하면 바로 그 멀어짐만이 우리를 가장 강렬하게, 즉 치명적으로 건드리는 것이기 때문이다.

죽음은 종교가 다급히 부여하려고 애쓰는 의미에서의 [삶의] "패퇴vaincue"가 아니다. 그것은 [삶이] 측량할 길 없이 늘어난 것이다. 그저 사망일 뿐인 것의 한계에서 빠져나오는 것이다. 죽은 자의 떠남 속에서 빈 무덤은 죽음의 한계를 풀어준다. 죽음의 떠남 안으로 보내는 것이다. 그는 한 번 "죽고 마는" 것이 아니다. 그는 죽고 또 죽는다. "나를 만지지 마라"라고 말하는 그는 쉼 없이 떠나가는 자다. 왜냐하면 그의 현존은 무한히 새로워지거나 혹은 무한히 연장되는 사라짐이기 때문에. 나를 만지지 마라. 나를 멈춰 세우지 마라. 나를 붙잡거나 내게 다가오려는 생각을 하지 마라. 왜냐하면 나는 아버지를 향해 떠나기 때문이다. 다시 말해, 여전히 또다시 죽음의 권능 그 자체를 향해 떠나기 때문이다. 그리고 나는 그 죽음의 권능 속에서 나 자신으로부터 멀어진다. 나는 이 봄날 아침에 저분의 밤의 광휘 속에 발을 딛는다. 이미 나는 떠나고 있다. 나는 오직 이 출발 속에서만 존재할 뿐이다. 나는 떠남이라는 행위 속의 떠나는 자이다. 내 존재는 거기에 있다. 그리고 내 말은 이것이다: "나, 진리는, 떠나간다Moi, la vérité, je pars."

* * *

결론적으로 예수가 "아버지를 향해" 떠난다고 말할 때, 그것은 그가 절대적으로 떠난다는 것을 의미한다. "아버지"(대문자 아버지이기도 하고, 그냥 아버지이기도 한 아버지. 그리스어 원본은 어떤 하나를 강제하지 않는다)는 부재하는 존재, 분리된 존재에 다름 아니다. "내 형제들," 현재 살아 있는 자들, 부인이 찾을 수 있거나 찾으러 가야 하는 자들과 정확히 반대되는 존재인 것이다. 예수는 부재하는 자를 향해, 이 거리를 둔 자를 향해 떠난다: 그는 없어진다. 그는 저곳으로 멀어져간다. 오직 그곳에서만 영광이 도래하는 차원으로. 다시 말해 현존을 넘어서는 광휘, 주어진 것, 마음대로 다룰 수 있는 것, 여기 놓인 것을 넘쳐나는 어떤 과잉의 광채가 도달하는 곳으로. 예수가 "나를 본 자는 아버지를 본 자이다"라고 말했다면, 아버지는 그러니 다른 이가 아니며, 다른 곳에 있는 이도 아니다. 그는, 여기 그리고 지금, 보이지 않지만 빛나는 이이며, 빛 속에 없고

빛 뒤에 있는 이다. 그렇기 때문에 이 영광은 그것이 받아 들여지고 전달되는 한에서만 빛난다. "우리는 모두 너울을 벗은 얼굴로, 거울처럼 주님의 영광을 비추면서, 영광에서 영광으로 그분과 같은 모습으로 옮아가고 있습니다."[16]

부활은 삶으로의 복귀가 아니다. 그것은 죽음의 품 안에서의 영광이다. 성상화가 무덤의 어둠과 뒤섞곤 하는 어두컴컴한 영광인 것이다. 죽음을 거쳐 삶이 연속되는 것이 아니라 어떤 다른 생이 죽음 속에서 혹은 죽음으로부터 단속斷續[17]되는 게 핵심인 것이다. 나사로의 에피소드에서 예수가 "나는 부활이니라"[18]라고 말했다면, 그는 그 말을 통해서 부활은 재생 절차(오시리스나 디오니소스와 같은 신화들에서 나타나는 바와 유사한)가 아니라, 부활이 "나는 부활이니라"라고 말하는 사람과의 관계 속에 있다는 것을, 아니 차라리, 그 관계 속에서 발생한다는 것을 의미했던 것이다. 이어지는 말씀은 다음과 같다: "나를 믿는 자는 죽어도 살리라." 그를 믿는다는 것, 따라서 믿음 속에 있다는

16. 「코린토 신자들에게 보내는 둘째 서간」 제3장 18절.

17. [옮긴이] '단속'이라고 번역한 'discontinu'는, 어떤 에너지나 기운 혹은 전류로 하여금 예정된 경로를 밟지 않고 다른 곳으로 흘러가게 하는 '단절—새로운 이음'의 작용을 가리킨다. 앞에 나오는 '연속'과 대비되는 개념이다.

18. 「요한복음」 제11장 25절. 몇몇 수고는 다음과 같이 덧붙인다: "부활이고 생명이니라ego eimi hè anastasis koi hè zôé."

건, 죽은 몸이 다시 살아날 수 있다는 걸 믿는 게 아니라, 죽음 앞에서 꿋꿋한 자세를 견지하는 것이다. 이 "자세"가 엄격한 의미에서의 아나스타시스anastasis, 즉 "부활"을, 다시 말해 '일으킴' 혹은 '들어올림'이라는 사태를 만든다("봉기[박차고 일어섬]"라는 의미도, 저 그리스어 용어에 들어 있다).[19] 재생, 재활, 소생, 다시 태어남, 다시 살아남, 환생, 이런 게 아닌 것이다. 그게 아니라, '들어올림soulèvement'이고, 무덤의 수평성과 직각을 이루는 수직성으로서의 **들림** levée 혹은 **일으켜 세움**le lever인 것이다—무덤을 떠나지 않고, 무덤을 '무'로 돌리지 않으면서, 무덤 안에 어떤 범접할 수 없음, 닿을 수 없음이 여전히 유지되고 있다는 것(또한 따라서 간직되고 있다는 것)을 확인하고 긍정하는 일인 것이다.

이 **들림**은 데리다가 헤겔의 '지양Aufhebung'을 번역하는 데 사용한 의미에서의 "들어 없앰relève"이 아니다. 그것은 기왕의 삶을 폐기하여 보다 높은 삶의 권능에로 옮기는 것을 뜻하지 않는다. 그 말은 죽음을 변증법 속에 놓는 것도 아니고, 매개하는 것도 아니다. 그것은 죽음에서 어떤 삶의

---

19. '들림' 혹은 '일으킴'을 가리키는 히브리어 qûm은 "부활"의 유대적 사유를 찾아볼 수 있는 텍스트들에 나타난다. anastasis, 그리고 근사한 뜻의 동사 egeirô의 용법은 이 단어로부터 유래하였다([옮긴이] egeirô는 '누군가를 잠에서 깨워 일으키다'라는 뜻이다).

진리를 일으켜 세우는 것이다. 산다는 것은 필경 죽을 수밖에 없다는 의미에서 모든 삶의 진리이자, 동시에 모든 삶은 특별하다는 의미에서 저마다의 삶의 진리인 것을. 수직적인 진리, 즉 그 진리는 죽은 생명은 물질의 부스러기들로 흩어진다는 뜻에서의 수평적 범주에서는 측정할 수 없는 진리이며 따라서 또한, 또 다른 생명으로의 이주를 가리키는 어떤 표상으로도 측정할 수 없는 진리이다. 부활과 함께, 더 이상 유령들의 왕국에서 살고 있는 죽음은 없으며, 레테 강 근처에서 방황하는 고통받는 영혼도 없다.[20]

나사로의 에피소드에서, 죽음은 수의에 싸이고 끈들에 묶인 채로 무덤에서 나온다. 이는 판타지 영화의 한 장면이 아니다. 그것은 죽음 한복판에서 그대로 일어선 자세의 비유이다. 벌떡 일어나는 것이 아니다—남근적 의미에서건 기념비적 의미에서건, 비록 이 두 의미가 문맥 안에서 다시 쓰여 일정한 기능을 맡는다 할지라도. 그것은, 죽음 앞에서

---

20. '부활한 이'를 "유령"과 비교하는 건 외경들Apocryphes 중에(가령, 「사도행전」 제11장) 간혹 나타난다. 그러나 드물다. 정전 텍스트들에는 없다. [옮긴이] 외경이란 가톨릭에선 트리엔트 공의회(1545~1563)를 통해 정전 속에 포함시켰으나, 동방교회에서는 판단을 보류하였고, 개신교에서는 정전에서 제외하여 "신앙의 근거가 될 수는 없으나, 기독교인의 경건한 심성을 기르는 데는 유익한" '외경'으로 분류한 경들의 집합을 말한다. *La Bible*, Traduction œcuménique de la Bible, Société biblique française et Cerf, 2004, p. 1164를 참조하라.

죽음 안에서 꼿꼿이 서 있음un se-tenir-debout을 가리키는 것이다. 여기에는 "서서 죽는다"[21]는 비극적 영웅주의와 공명하는 뭔가가 있다. 또한 그것은 헤겔적 의미에서의 '정신'의 삶, 즉 죽음 안에서 자신을 지탱하는 삶과 공명하는 것이다.[22] 그러나 여기에는 어떤 미묘한 차이가 개입하는데—아주 미세한, 식별하기 어려운 차이다—그것은, 아나스타시스는 자기로부터, 즉 주체 자신으로부터 발원하는 게 아니라, 타자로부터 발원한다는 사실에 있다. 그것은 타자로부터 그에게로 온다. 혹은 그것은 그의 내부에서 타자에 속하는 것이다. 또는 그것은 그의 내부에서 일어난 타자의 들림이다. 타자가 죽은 내 안에서 일어서고 부활하는

---

21. 단순히 전사의 용맹한 이미지만을 가리키는 것이 아니다. 그보다는, 비극적 죽음은 언제나 선 채로 죽는다는 것, 즉 비극적 죽음은 병이 진행되는 과정의 끝에 오는 게 아니라 난폭하게 온다는 것을 가리킨다. 남자는 단칼에 죽임을 당하거나 혹은 그렇게 자살하고, 여자는 목을 맨다. 예를 굳이 들 필요가 있을까? 안티고네는 하이몬과 함께 산 채로, 선 채로 지하 창고에 갇히고, 그 지하 창고는 결국 그녀의 무덤이 된다. 그녀에게 유죄를 선고했다가 너무 늦게 찾아온 크레온은 거기에서 목을 맨 채로 죽어 있는 그녀를 발견한다.

22. "정신의 삶이란 죽음 앞에서 질겁을 하고 놀라서 자신을 순수하게 보존하려고 애쓰다가 노쇠해지고야 마는 그런 삶이 아니다. 그것은 정반대로 죽음을 견디고 죽음 안에서 자신을 보존하는 그런 삶이다"(게오르그 빌헬름 프리드리히 헤겔Georg Wilhelm Friedrich Hegel, 『정신현상학Phénoménologie de l'esprit』, trad. Jean-Pierre Lefèvre, Paris, Aubier, 1991, p. 48).

것이다. 타자가 나를 위해 부활하는 것이지, 그가 나를 부활시키는 게 아니다. 또 다른 말로 하자면, "나는 부활하였다je suis ressuscité"는 내가 성취한 어떤 행동을 의미하는 게 아니라, 내가 받아서, 겪어낸 수용성passivité을 의미한다. "나는 죽었다je suis mort"(이는 원칙적으로는 불가능한 발언이다)와 "나는 부활하였다"는 같은 걸 말한다. 같은 수용성을, 같은 수난을. 기적을 신봉하는 어떤 종교의 표상물이 함의하듯 "나는 죽었다"를 말하기 위해서는 [우선] "부활해야" 하는 것과 마찬가지로. 그러나 두 언술의 일치는 죽음이거나 삶이거나 단순히 그 자체에로 귀속될 수는 없음을 증거한다. 죽은 자도, 산 자도, 단순히 하나의 **현재**présent일 뿐이다. 그러나 그것은 각자가 서로 상대방을 향해 자신을 제시présentation한다는 의미에서의 현재이다. 떠남의 인사를 통해 현존을 드러내는 것.

한마디로 요약하자면 이렇다: **몸의 들림**la levée du corps이라는 우리 표현에서 두 개의 의미[23]는 불가분리이다.

23. [옮긴이] '일으켜 세움'과 '떠남.'

메 무 합투-놀리 메 탄게레

이제 문제가 된 사건의 텍스트 전체를 읽어보기로 하자.

마리아가 무덤에 도착한다. 그녀는 무덤이 텅 비어 있는 걸 본다. 그리고 두 천사가 무덤의 자리를 차지하고 있다.

　　그들이 마리아에게 "여인아, 왜 우느냐?" 하고 묻자, 마리아가 그들에게 대답하였다. "누가 저의 주님을 꺼내 갔습니다. 어디에 모셨는지 모르겠습니다." 이렇게 말하고 나서 뒤로 돌아선 마리아는 예수님께서 서 계신 것을 보았다. 그러나 예수님이신 줄은 몰랐다. 예수님께서 마리아에게 "여인아, 왜 우느냐? 누구를 찾느냐?" 하고 물으셨다. 마리아는 그분을 정원지기라고 생각하고, "선생님, 선생님께서 그분을 옮겨 가셨으면 어디에 모셨는지 말씀해주십시오. 제가 모셔 가겠습니다" 하고 말하였다. 예수님께서 "마리아야!" 하고 부르셨다. 마리아는 돌아서서 히브리말로 "라뿌니Rabbouni!" 하고 불렀다. 이는 '스승님!'이라는 뜻이다. 예수님께서 마리아에게 말씀하셨다. "내가 아직 아버지께 올라가지 않았으니, 나를 만지지 마라Ne me touche pas. 내 형제들에게 가서, 나는 내 아버지시며 너희의 아버지신 분, 내 하느님이시며 너희의 하느님이신 분께 올라간다고 전하여라." 막달라 마리아는 제자들에게 가서 "제가 주님을 뵈었습니다" 하면서, 예수님께서 자기에게 하신 이 말씀을 전하였다.[1]

이 장면은 '봄vision'의 사건을 둘러싸고 구성되어 있다. 마리아는 우선 무덤의 돌이 치워진 것을 목격하였다. 그리고 그로부터 텅 빈 무덤과 거기를 들여다보려는 욕망과 공포와의 관련 속에서 전체의 장면이 전개된다. 마리아는 예수를 보게 되고, 예수는 그녀가 무덤 속을 들여다보고 거기에 무엇이 있는지 알게 될 것이기 때문에 그녀로 하여금 자신

---

1. 「요한복음」 제20장 13~18절. 주님의 상처에 손을 대보려고 하는 도마의 에피소드가 그다음에 나온다(나는 여기에서 번역에 관한 일체의 논란과 이 책의 주제에 필요한 것이 아닌 '공관복음서들' 사이의 비교에 대해 거론치 않을 것이다. 또한 마찬가지로, 성상화들에 대해서도 예술가들의 논평을 다루는 것을 삼갈 것이다. 나는 그 작품들의 세세한 의미들도 건너뛸 것이다).

을 보도록 한다. 볼 것이 없는 데를 본다는 것, 오로지 볼 수 있는 능력을 가진 시선, 즉 이미 보이지 않는 분을 어둠 속에서 보고 알아낸 눈들에게만 보이도록 주어질 수 있는 이를 본다는 것, 바로 그것이 이 장면의 문제로서, '놀리 메 탄게레(나를 붙들지[만지지] 마라)'가 그 핵심 모티프를 이루고 있는 것이다. 풀이하면 이렇다: "그대는 본다. 그러나 이 '봄'은 '만짐'이 아니며 그럴 수도 없다. 왜냐면 만짐 그 자체가 즉각적 현존을 형상하는 것이 될 것이기 때문이다. 그대는 현존하지 않는 것을 본다. 그대는 그대 앞에서 보는 이가 이미 만남의 장소를 떠났기 때문에 그대의 손이 미칠 수 있는 거리 너머에 있어 만질 수 없는intouchable 이를 접하고 있다touche."

이 에피소드의 신학적 비중은, 믿음의 위대한 상징들 (수태고지, 탄생, 수난, "엄격한 의미에서의"[2] 부활, 승천)

2. 이런 표현이 가능하다면! 내가 말하고자 하는 것은 특히 피에로 델라 프란체스카Piero della Francesca, 그뤼네발트Mathias Grünewald, 만테냐 Andrea Mantegna가 재현했던 것과 같이, 예수가 무덤에서 나오는 광경이다. 그런데 이 재현 자체가 분석을 요한다. 내가 간략하게 암시하겠지만, 이 사건에 대한 회화적 포착은 일종의 '다시 살아남'의 형상화와는 가장 거리가 먼 것임이 입증될 수 있을 것이다. 특히 그리스도가 무덤에서 나오면서, 잠자는 자나 환자의 모습으로 누운 자리에서 일어나는 게 아니라 나사로처럼 똑바로 서서 나온다는 "선 채로 있기"의 모티프를 새삼 유념해야 하리라. 그리고 다시 한 번 말하지만, "기립"이 아니라 차원의 회전, 즉 수

에 비하면 가녀리다. 그런데도 화가들이 이 에피소드에 매달렸다면, 그것은 이 에피소드가 '봄'의 특별히 미묘하고도 복잡한 연단鍊鍛을 장면화하고 있기 때문이다. 한편으로 모든 것이 텅 빈 무덤 앞에서 시선이 급격히 무덤으로부터 벗어나는 중에 일어난다는 것이다. 다른 한편으로 보여지도록 제공된 것이 복잡한 봄을 이룬다는 것이다. 즉, 처음에는 뭐가 뭔지 불분명하다가, 말에 의해서 보충되는가 했더니, 결국에는 거리를 두고 떨어진 채로 놓여서, 이 보여진 존재를 떠나도록 내버려둬야 한다는 것을 깨닫는 시간 동안만 볼 수 있게 되는 것이다.

　　화가들이 부활 "그 자체"를 재현할 때, 그들은 어디에도 볼 것이 주어져 있지 않으며, 심지어 복음서들에서는 암시조차 되지 않는 에피소드를 그린다. 그때 그들의 그림은

평성으로부터 수직성으로의 회전, 똑같은 무덤, 똑같은 죽음에서의 시각의 변화가 문제인 것이다. 유한한 생의 **지평선**("지평선," 그것은 경계이다)에, 어떤 무한한 들림이, 대립됨이 없이 겹쳐진다. 높은 곳에 오르고, 깊은 곳에 내려가는 것, 그것은 그 용어의 이중적 의미에서 같은 경지altitudo로 가는 것이다([옮긴이] "이중적 의미에서"란 altitudo가 '높이'와 '깊이'라는 두 의미를 동시에 포함한다는 뜻이다). 그런데 이 두 방향의 현기증을 일으키는 "경지"는 또한 근접을 가리킨다. 비록 겨안을 수는 없어도 바로 여기, 손이 닿는 곳에, 진리가 임하는 것이다(바울, 「로마 신자들에게 보낸 서간」 제10장 6~8절을 참조하라. 그리고 그 원본은 「신명기」 30장 11~14절을 참조하라).

어느 정도는 보이지 않는 것을 정면에서 마주하려는 시도이며, 또한 눈에 눈부심이 일어날 때까지, 화폭이 작렬할 때까지, 보고 보게 하는 몸짓을 지속시키기 위한 시도이다(그 범례적인 예가 그뤼네발트에게서 보인다). 동시에 이 광경은 빈번히 무덤 앞을 지키는 초병들의 눈부심과 멍멍해짐을 동반한다. 부활은 바위를 굴리고 사람들을 쓰러뜨리는 불가사의한 광경으로서 제시되는데, 이로써 제자들이 예수의 몸을 훔쳐서 부활을 가장하는 걸 막으려고 했던 사제들과 바리새인들의 대처를 소용없게 만든다.[3] 그림은 눈부시게 하는 힘, 그리고 구원된 세계의 첫째 날이 지엄히 출현하는 은밀한 소동의 수준까지 고양된다.

그러나 부활을 글로 나타낸 장면들은 그림과는 달리 좀더 신중하고 덜 현란하며,[4] 정확하게 말해 그림과는 정반대로 부활한 이가 오시는 것에 대해 "초자연적"이기보다는 "자연스럽고," 장관을 연출하기보다는 익숙하게 보이도록 하면서 짜여진다.[5] 아연실색과 공포가 일어나면서 제자들

3. 「마태오복음」 제27장 62~66절. 이 에피소드는 다른 복음서에는 나오지 않는다.
4. 「마태오복음」 제28장 2~3절을 보면, 눈을 부시게 하는 존재는 볼 수 없는 부활한 분이 아니라 천사이다.
5. 「루카복음」 제24장 36~43절. 「요한복음」에 나오는 '의심 많은 도마'의 에피소드는 이 대목을 발전시킨다. 이에 대해서는 차후에 다시 거론할 것이다. 그런데 "자연스럽다"는 용어는 기적이 당연한 듯이 일어난다는 뜻으로

은 어떤 혼백을 보았다고 생각하지만, 예수는 그들로 하여금 직접 자신을 만져보도록 하여 그가 살과 뼈를 가진 인간임을 확신시켜준다. 신앙은 장관을 기대하고 필요할 때 그걸 만들어낸다. 하지만 믿음은 어떤 것도 보통의 눈과 귀로 느끼는 데 전혀 이상하지 않은 자리에서 보고 듣는 데에 있다. 믿음은 **만지지 않고서도** 보고 들을 줄 안다. 그런 것이 또한 엠마오 에피소드[6]가 담고 있는 것이다: 두 제자가 부활한 이의 신원을 확인하지 못한 채 오랫동안 토론을 한다. 그러나 빵 조각을 떼어 축사하심으로 그들이 그를 알아보자, 그는 곧바로 그들의 시야에서 사라진다.

부활의 장면들—글이 아닌 다른 매체에서 보이는—과 부활한 이를 만나는 장면들 사이에는 큰 차이가 있으니, 그것은 상징, 알레고리, 신비성의 특성들을 혼합하여 재현을 도모하는 상상력과 어떤 재현으로도 보여줄 수 없는 것을 이해시키려고 유도하는 이야기, 즉 어떤 현존도 현존의 진실 자체를 결락시키는 이 멀어짐의 상황을 표현할 수 없다는 것을 이해시키려고 유도하는 이야기 사이의 차

이해되어서는 안 된다. 즉, 마치 "초자연적"인 것이 본래의 질서를 무시하고 "자연성"의 숄을 두른 것처럼 이해돼서는 안 된다. 그와는 정반대로 여기에서는 어떤 것도 자연에 위배되지 않는다. 비록 "자연" "초자연"과는 완전히 다른 것을 보여주고 있으면서도 그렇다는 뜻으로 읽어주길 바란다.
6. 「마르코복음」 제16장 12~13절; 「루카복음」 제24장 13~35절.

이이다.

이 점에 비추어볼 때, '나를 만지지 마라'는 가장 미묘하고도 가장 신중하게 배려된retenue(이 말이 가장 맞춤하다) 장면을 구성한다. 때문에 화가들은 거기에서 기적의 황홀한 비전이 아니라, 볼 수 있는 것과 보이지 않는 것 사이에 일어나는 미묘한 우여곡절을 알아챌 수 있었던 것이니, 이 둘 각각은 상대를 요청하면서도 배척하고, 상대방에게 가 닿으면서도 그를 자신에게서 떼어놓으려고 하는 것이다. 렘브란트는 이 우여곡절을 가장 명료하게 포착한 화가이다. 무덤을 정원의 높이 위로 올려놓으면서 그는 우리 앞에 똑같은 높이로, 오른쪽에는 지하 묘지의 어두운 입구를, 왼쪽에는 떠오르는 해의 강력한 빛을 배치하여, 떠오르는 해의 황금빛 백광이 예수의 옷을 물들이는 한편, 막달라 마리아의 외투는 마치 어둠으로부터 흘러나와 어떤 피륙(아마도 빈 수의일 것이다) 쪽으로 퍼져나가는 것처럼 보이게 하고 있다. 그림 전체는 [막달라 마리아의] 얼굴을 거의 맨 앞쪽에 놓고, 한 눈은 어둡게 다른 눈은 밝게(화가가 은밀히 무언가를 암시하는 것처럼) 꾸미고 있다. 두 눈 사이의 어둠과 빛의 분배는, 한편으론 그 위로 바위가 수직으로 솟아 그 바위 안으로 무덤이 파여 있는 걸 보게 하면서, 다른 한편으론 누군지 아직 알아보지는 못한 채로[7] 사람을 발견하여 막 고개를 돌리고 있는 참인 막달라 마리아의 얼굴을 정확하게 나누고 있다. 그녀의 눈은 그 쪽으로 향하고, 그 또한 그녀를 바라본다. 그러나 화가는 두 얼굴을 거의 우리의 정면으로 향하도록 해준다. 왼쪽의 천사 역시 마리아처럼 예수 쪽으로 고개를 돌리고 있는데, 반면 오른쪽의 천사는 화폭 위의 우리의 대변자로서 장면 전체를 관찰한다.

내가 이미 지적한 바 있듯이, 렘브란트는 정확하게는 그의 작품을 '놀리 메 탄게레'로 이름 짓지 않았다. 그는 그 말이 발성되기 직전의 '무덤에서의 예수 그리스도와 막달라 마리아'라고 제목을 단 장면을 일단 보여주는데, 하지만 잠시 후에 다시 보게 되겠지만, 두 인물 사이의 만짐의 모티프에 대해 은근슬쩍 암시하고 있다. 그러나 이 일차 장면에서 화가를 사로잡고 있는 것은 낮과 밤의 접촉이 불가능하다는 것이다: 즉, 접촉면이 없는 마주침, 포옹이 없는 근접, 내밀한 교류가 없는 이웃함. 그렇게 초자연적인 마술 일체가 배제된 채로 있다: 부활한 이는 무덤에서 나온 게 아니라 다른 쪽에서 왔다. 마치 낮이 밤으로부터 나오는

---

7. 그녀가 그를 알아보았을 때, 그녀는 누구를 보고 있는 것일까? 분명 그 옷차림으로 보아(렘브란트는 정확하게 묘사하고 있다) 정원지기를 여전히 보고 있는 것이다. 결국 그녀가 보는 건 바로 그 정원지기인데, 그러나 또한 그 입을 통해, 살아 있는 인간이라면 누구나 달고 있는 그런 입을 통해, 죽은 그리스도가 자신의 떠남을 언명하고 있다.

게 아니듯. 그러나 그럼에도 그이는 지하묘소의 깊은 어둠을 그대로 놓아둔 상태에서 그것과 마주하게 한다. 부활의 신비는 되찾은 육체를 기리는 방식으로(티치아노Vecellio Tiziano, 페루지노Pietro Perugino 혹은 발타사르 데 에차베 Baltasar de Echave에 의해서 그리스도가 발가벗었다고 느껴질 정도로 형상화된 경우에서처럼) 환기되지 않는다. 그는 그가 깊숙이 파묻힌 바로 그 자리에서 빛난다. 그 자리는 텍스트의 침묵을 환기하는 양 화폭 뒤로 멀찍이 물러난 접점이다. 빛과 어둠이 서로 접촉함이 없이 교대하는 자리, 서로 상대방을 밀어내면서 나뉘는 자리. 이 자리는 상호간의 매개나 변환이 없이 각각 상대방의 진실이 되는 자리이다.

뒤러Albrecht Dürer는(여러 세목들을 통해서 보건대, 렘브란트가 그의 판화를 알고 있었다고 짐작할 수 있다) 신비에 관한 보다 미묘한 버전을 제공한다(신비가 저 스스로 빛나는 것, 어둠의 밑바닥에서 빛나는 것, 혹은 어둠으로부터 빛나는 것이라면). 태양은 광선으로 어둠을 가르면서 솟아올라 예수의 등과 그의 오른팔을 비춘다. 예수의 오른손은 막 마리아를 만지려는 참이고 마리아의 얼굴은 빛나는데, 그녀의 등은 그녀의 주님과는 반대로 어둠 속에 잠겨 있다. 부활한 몸은 지상의 어둠 속에 남아 있는 채로 있다. 그의 영광은 그의 것이 아니며, 부활은 신으로의 승격apothéose이 아니라 정반대로 지속적인 **비움**kénose[8]이다. 빛이 빛나는 것은 텅 빔 속에서 혹은 현존의 비워냄 속에서 그러한 것이다. 그리고 이 빛은 빈 자리를 채우는 것이 아니다: 그것은 비움을 더욱 깊이 판다. 마치 뒤러에게 있어서, 태양과 정원지기(혹은 묘혈 파는 인부)의 삽을 과감히 근접시킴으로써 그 비움을 식별해내듯이. 영광스런 몸의 광영은 무덤의 파인 자리로부터 반사해 나오는 것이 아니라 그 자리를 열면서 빛난다(라비니아 폰타나Lavinia Fontana의 화폭을 보면, 우리는 바로 이 역설 자체가 재현되고 있다고 믿을 수 있을 정도이다).

8. 바울, 「필리피 신자들에게 보낸 서간」 제2장 6~7절. "주께서는 자신을 비우사theos ekénosen, 인간에게로 환생하셨다." [옮긴이] 한국어 『성경』에는 이렇게 번역되어 있다. "당신 자신을 비우시어 종의 모습을 취하시고 사람들과 같이 되셨습니다."

정원지기

이 '봄'이 품고 있는 사연의 또 다른 양상은 정원지기를 보고 있다고 생각한 막달라 마리아의 최초의 오해 안에 있다. 이런 오해가 가능하기 위해서는 예수가 인지되지 않아야 혹은 즉각 인지되지 않아야 한다. 그런데 막달라 마리아는 그를 오래전부터 알아왔기 때문에 그를 못 알아본다는 건 있을 수가 없다. 이 오해는 분명히 해명되지 않은 상태로 있다. 그이가 살아 있는 모습을 더 이상 볼 수 없다는 확실한 사실 속에서 그녀가 이 "보고-미리-아는 능력pré-vision," 즉 신원 확인을 가능케 해줄 혹은 부인 못하게 할 '사전영상구상력ce schème d'avant l'image'을 아예 작동조차 시키지 않았거나, 아니면 예수 자신이 먼저 분명 그가 맞는데도 못 알아보도록 했기 때문일 수 있다.[1] 이미 엠마오의 만남에 관해서 지적했던 것처럼, 부활한 이의 출현에 관한 다른 장면들은 그를 알아보는 어려움, 그리고 더 나아가 그의 모습이 바뀌었다는 것을 강조하고 있다.[2] 다른 한편 정반대의 방향에서, 마리아가 예수의 모습을 알아보게 된 이 일은 「요한복음」의 우리의 장면에 뒤이어 나오는 장면에서는 제자가 처형당한 이의 상처를 만져보고 나서야 도마(토마스)의 승복을 끌어내게 된다.

그리스도를 알아보는 어려움은 두 가지 점에서 중요하다.

한편으로, 사태는 마치 예수가 자신과 닮게 나타나는 것이 유예되고 확정되지 않은 순간인 것처럼 전개된다. 그는 그 자신이 아닌 채로 그 자신이다. 그의 내부에 변성alté-ré이 일어난 것이다. 죽은 자가 나타난다면 그렇지 않겠는가? 이 변성이란, 느껴지지 않으면서도 동시에 강력한 게

1. 나는 예수의 신원을 확인하는 텍스트에 가장 가깝게 머물기 위해, 내가 앞에서 제시했던 좀더 과감한 가설을 여기서는 피하고자 한다. 오직 정원지기만을 보고 있다는 가설 말이다([옮긴이] 「메 무 합투−놀리 메 탄게레」장의 주 7[p. 47]을 참조하라). 어떤 게 더 정확하든, 화가들이 그토록 빈번히 최소한 삽이나 가래 등을 통해서라도 정원지기의 외양을 상기시키는 일에 몰두해서 [그림에서조차도] 첫눈에 식별하기 어렵게 했다는 것은 주목할 만하다. 이 문제는 차후에 다시 거론할 것이다.

2. "그들은 눈이 가리워져서 그분이 누구신지 알아보지 못하였다." 「루카복음」제24장 16절.

아니겠는가? 원래 더 이상 나타나지 않을 것(이)의 나타남, **나타났다 사라지는 것**의 나타남이어서, 죽음의 흔적을 가장 순수하게 그리고 가장 격렬하게 보유하고 있는 것이 아닌가? 더 이상 동일자가 아닌 동일자, 양상과 외양의 분열, 얼굴은 있는데 표정은 부재하는 것, 몸 안에 파묻혀 그 아래로 미끄러지는 몸. 현존 위에 새겨진 떠남, 그의 떠남을 현시하는 현존. 그는 이미 떠난 것이다. 그는 그가 있는 자리에 없다. 그는 더 이상 그로서 존재하지 않는다. 그는 **죽었다**. 다시 말해, 그는 그 사람이 **아니며**, 동시에 그라는 존재, 그가 현시하는 존재도 아니다. 그는 자신의 근본적인 변성, 근본적인 부재이다. 엄격하게 말해, 그는 '원래의 그가 아님impropriété' 그 자체다.

다른 한편, 알아보기가 어렵다는 것, 불확실하다는 것, 의심스럽다는 것은 믿음에 내기를 요구한다. 믿음은 알고 있는 것을 알아보는 데 있지 않고, 알지 못하는 것에 신뢰를 보내는 데에 있다(그리고 분명, 알지 못하는 것을 알고 있는 것의 대체물로 간주함으로써 그렇게 하는 게 아니다. 그것은 신앙이지 믿음이 아니다). 이 점에서 「요한복음」의 텍스트에 나오는 일련의 에피소드들은 계발적이다. 먼저 붕대들과 수의가 버려져 있는 빈 무덤 앞에서 "보고 믿는" 제자(요한 자신)가 있다. 이 사람은 [부활한 이를] 보지 않고도 이해한다. 그러나 그의 믿음의 내용이 어떠한지에 대해서는 말해지지 않는다. 그 믿음은 죽은 이가 어떻게 되었는지에 대한 탐색 없이도 비어 있음의 사실 그 자체에 대한 확신으로 이루어진 것처럼 보인다. "놀리 메 탄게레"를 지나면, 도마의 에피소드가 있다. 예수가 그에게 말한다. 네가 믿게 되었으니 너는 행복할 것이다. 그러나 보지 않고도 믿은 사람들만큼 행복하지는 못할 것이다(이 장면에서 "봄"과 "만짐"은 등가적인 것으로 제시된다. 만짐은 여기에서 봄의 확인 혹은 봄의 완성으로서의 가치를 갖는다). 도마의 믿음은 명백한 용어들로 언표된다. 그는 말한다: "나의 주님 그리고 나의 하느님."

이 두 에피소드 사이에 있는 막달라 마리아의 에피소드에서는 제대로 알아보지 못한 채로 보고 있는 그녀의 봄이 예수의 목소리를 통해서 '돌이켜진다retournée'(「요한복음」의 텍스트가 섬세히 사용하고 있는 용어를 갖다 쓰자면).[3] 그녀가 그를 알아보지 못하는 동안 그녀는 정원지기라고 생각한 그에게 말을 건네며 주Maître의 몸이 어디에 있는지 아느냐고 묻는다. 그러나 그때 예수가 그녀에게 대답하는 대신 "마리아야!"라고 말하자, 그녀는 그를 알아보고, 요한이 정확하게 기술한 바에 의하면, 히브리어로 "라

3. 여기에 미묘한 해석상의 이견들이 있다. 버전에 따라(그리스 버전이냐 시리아 버전이냐에 따라) 막달라 마리아는 단 한 번 돌아보았거나, 두 번 돌아보았거나 한다.

뿌니Rabbouni"라고 그를 부른다. 그 말은 그녀의 존경심과 그에 대한 친근성을 동시에 표시한다. 막달라 마리아는 비어 있는 것을 그대로 믿지도 않았지만 그렇다고 사실을 꼼꼼히 확인하여 승복을 한 것도 아니면서, 그렇게 한 것이다. 그녀는 듣기 때문에 믿는다. 그녀는 자기 이름을 부르는 목소리를 듣는다. 그녀는 그녀에게만 건네는 말을 듣는다. 그녀는 정원지기의 모습과 어긋나는 목소리를 듣는다. 그러나 그렇다고 해서 그녀가 보는 이가 바뀌었다는 말이 아니다. 그녀는 단지 같은 모습을 하고 있는 사람의 목소리에 응답할 뿐이다.

화가들은 "정원지기"의 문제를 예수의 모습에 그 직업의 부속물—삽, 가래 혹은 괭이, 밀짚모자—을 덧붙임으로써 해결하였다. 뒤러의 경우에서 볼 수 있듯, 예수의 얼굴을 어둠 속에 파묻고 있는 것은 그의 용모를 식별하기가 어렵다는 것을 가리키고자 하는 의도일 수 있다. 반면, 삽 혹은 모자는 그 사람이 정원지기라고 믿는 여자의 생각 속에만 속한다. 이 부속물들은 그림 속에서 신앙 혹은 환상의 재현이다. 믿음으로 말할 것 같으면, 그것은 정확히 신앙이 제공하거나 혹은 제공하지 않아 실망을 유발하는 것과는 전혀 무관하다.

정원지기의 부속물들이 나타나지 않는 경우는 드물다. 그 드문 경우가 이를테면 지오토Giotto di Bondone, 두치오

Duccio di Buoninsegna 혹은 숀가우어Martin Schongauer의 그림이다. 그 그림들에서 예수는 오로지 그리스도, 메시아 그리고 구세주로서만 나타난다. 메시아의 권능의 징표를 소지한 그리스도를 재현하는 작품들[4]과 그보단 훨씬 숫자가 많은, 정원지기를 제시하는 그림들을 겹쳐 놓으면, 강력한 깨달음을 얻을 수 있다. 어떤 점에서는 같은 그리스도이다. 다르게 보면 부활한 이로서의 메시아(다시 말해, 지상의 승리자 메시아에 대한 기대를 좌절시킨)[5]는 이 땅에 처음 온 정원지기[6]와 다른 사람이 아니다. 그의 모습에 바꿀 건 아무것도 없다. 따라서 막달라 마리아의 봄에서도 바꿀 것

---

4. 우리는 지오토 이후로 점점 정원지기의 재현이 강조되었다고 단언할 수 없다. 왜냐하면 고대 채색삽화 혹은 판화들에서도 그걸 볼 수 있기 때문이다. 하지만 그렇다고 해서 이 재현이 얼마간 풍광적인 측면과 일화적인 측면을 포함함으로써, 종교로부터 차츰 멀어지고 있는 화가들에게 좀더 유혹적이었으리라는 점을 부인할 수는 없다. 게다가 실제로 온갖 종류의 혼합이 일어났다는 것을 고려해야 할 것이다. 반은 정원지기고 반은 메시아로 보이거나, 반은 옷을 입고(정원지기로 보이도록) 반은 벗었는가 하면(수의에서 빠져나온 몸으로 보이도록), 또한 이 제재들이 이런 식의 조합들을 통해 데생과 색채를 더욱 아름답게 하는 데 활용되기도 했던 것이다. 어쨌든, 이 영광스런 몸을 어떻게 재현할 것인가와 같은 신학적인 문제가 성상화의 기술을 발달시키는 데 그토록 많은 구실들을 제공한다는 것은 경이로운 일이다.
5. 제자들이 그의 승천 직전까지도 여전히 기대하던 메시아. 그러나 그는 제자들에게 승리가 중요한 게 아니라고, 혹은 그들이 그를 그렇게 상상하는 건 바른 게 아니라고 대답한다(「사도행전」 제1장 6~7절을 참조하라).
6. [옮긴이] 아담을 암시한다.

이 없다. 이 봄은 오해가 아닌 것이다. 그렇다. 뒤러가 그렇게 그렸듯이, 땅을 파는 삽은 떠오르는 태양과 인접해 있다. 그렇다. 마리아는 보통 사람, 정원지기를 본 것이다. 그 보통 사람이 또 다른 보통 사람, 죽은 보통 사람을 뒤 이은 것이다. 그의 벌어진 무덤이 측량할 길 없는 부재를 드러낸 채로.

막달라 마리아의 믿음은 "그녀를 부르는 이는 그녀 외에 어떤 다른 사람을 부르지 않는다"는 확신, 그리고 그렇게 이름을 부르는 데 대한 한결같은 믿음 속에 뿌리를 두고 있다. "마리아"는 여기에서 "아브라함"이 예전에 그랬던 것처럼, 소리에 공명한다. "귀 있는 자 들어라"의 의미는 무엇보다도 다음과 같다: 이 말이 자신을 향해 던져진 말임을 이해하는 자는 들어라. 다시 말해, 다른 사람 누구에게라도 건네지는 말이 아니다. "내가 너를 부른다는 걸 알아들어라. 그리고 내가 떠난다는 것을 다른 사람들에게 말해주기 위해, 떠나라고 말하기 위해 내가 너를 부른다는 걸 알아들어라. 다른 어떤 걸 들으려고 하지 마라. 너에게만 말한다는 걸, 그리고 내가 떠난다는 사실만을 들어라. 나는 네게 아무것도 주지 않는다. 나는 네게 어떤 것도 밝혀 보여주지 않는다. 너는 정원지기만을 본다. 가서 내 말 그대로 말하거라: 내가 떠났다는 것을." 그리고 아브라함처럼 마리아도 사실 확인이나 가설 혹은 계산들을 통해서 자신의 믿음을 표명하지 않는다.[7] 그녀는 떠난다. 출발점에 있는 진리에 대한 응답은 바로 진리와 함께 떠나는 것이다.

7. 그녀가 "그이가 내 이름을 부른다면, 그것은 ……인 까닭이야"라는 식으로 생각하는 건 아니다. 아브라함이 "하느님이 하느님이라면 내 아들을 구해줄 것이다"라고 예측하지 않듯이. 그녀와 그는 그냥 가는 것이다. 이른바, 그들은 자신을 놓아버리는 것이다(이 점에 관해서는, 아브라함에 대한 바울과 야고보의 해석의 차이를 참조하는 게 좋다. 바울에게 있어서 아브라함의 믿음은 하느님께서 호의를 보여주실 거라고 "믿도록" 해주는 추정과 관련되어 있다. 반면, 야고보에게 있어서 믿음은 전적으로 하느님의 명령에 따라 출발하는 행위 안에 있다. 어떤 성찰적 작용과는 관련이 없는 것이다). (나는 2000년에 열린 심포지엄, '유대성, 데리다에게 질문하다Judéités, questions à Derrida'에서 발표한 「유대-기독교인Le judéo-chrétien」에서 이 문제를 분석했다. 이 심포지엄은 2003년에 갈릴레Galilée 출판사에서 출판되었다. [옮긴이] 출판된 책 제목은, 『유대성—자크 데리다를 위한 질문들 *Judéités—Questions pour Jacques Derrida*』이다.)

손들

성서의 라틴어 번역과 근대 번역은 만짐에 강조를 주면서 불가피하게 인물들의 손을 참조하도록 이끈다. 사람들은 손으로 만진다. 또 제일 먼저 만지는 것도 손이다. 수다한 문화들에서, 적어도 근대 서양의 미술 속에서, 손을 만진다는 것은 가장 약한 수준의 접촉이다. 다정한 관계를 도모하는 건 결코 아니지만 일종의 화해적이고 더 나아가 호의적인 태도를 표시한다(고전 불어에서는 합의를 보거나 분쟁을 끝내기 위해서 "자, 악수합시다Touchez là!"라는 표현을 썼다).

아주 많은 숫자의 회화적 재현에서 '나를 만지지 마라' 장면은 특별히 주목을 요하는 손동작을 이끌어낸다. 타자에게 접근하고 타자를 가리키는 것, 호리호리한 손의 우아한 놀림, 기도와 축도, 닿을 듯 말 듯한 스침과 손댐, 신중함 혹은 예고의 표시. 이 손들은 언제나 서로 간에 지켜지거나 간직되거나 맺어질, 하나의 약속 또는 소망을 그리고 있다. 실로 손들은 빈번히 데생의 중앙에 위치할 뿐 아니라 데생 그 자체와 마찬가지인 양, 손가락들과 양 손바닥을 조화롭게 배치하고 그것들을 민첩하게 놀리는 화가의 손인 양 거기에 존재한다. 고전 회화에서 손은 데생의 구성에 결정적인 역할을 하기 일쑤였다. 즉, 구도 내에서 다른 기호들의 균형을 맞추고 더 나아가 그것들을 조직적으로 배열하는 조정 기호의 역할을 하곤 하였다. 문제가 되고 있는 우리의 장면에 대해 말하자면, 대부분의 그림에서 모든 것은 손에서 떠나고 손으로 되돌아가기 위해서 존재하는 듯이 보인다. 왜냐하면 이 손들이야말로 (막달라 마리아의) 도착과 (예수의) 떠남의 곡절을 가리키는 기호이자 표지들이기 때문이다. 두 사람의 손은 서로 마주잡도록 준비되어 있으나, 어둠과 빛처럼 이미 떨어지고 멀어져가고 있다. 이 손들은 욕망이 뒤섞인 인사를 교환하고, 하늘을 가리키는 만큼이나 몸을 드러내고 있다.

막달라 마리아의 손들은 요청의 자세로 예수를 향해 뻗어간다. 요청의 자세라기보다 차라리 열린 자세라고 하는 게 더 낫겠다. 그리고 손바닥은 위를 향해 벌려져 있다. 그 손들은 그이를 향해 가고, 그를 잡으려고 한다. 혹은 적어도 그의 몸이나 옷에 거의 닿을락 말락 하면서, 그로부터 그의 현존의 무엇이라도 거두려고 하고 있다. 반면, 예수의 손들은(화가에 따라 이 손들은 때때로 못 박힌 자국을 명시하곤 한다) 대체로 여인 쪽을 향해 뻗어 있는데, 그 자세는 아주 모호하다. 그는 그녀를 축복하며 동시에 그녀에게서 거리를 유지한다. 우리가 분명히 알 수 있는 것은 그가 그녀를 거부하지 않으면서도 그녀 손을 제 손으로 맞잡지 않는다는 것이다. 그가 그녀의 이름을 불러서 자신의 나타남이라는 선물을 그녀에게 주긴 하지만, 그것은 그녀를 돌봐주기 위해서가 아니라 부활의 소식을 세상에 알리라고 그녀를 보내기 위해서였던 것이다. 그가 떠나는 것과 동시에 그녀도 떠나 소식을 알린다. 바로 그녀가 최초로 파송된 사람이다. 예수의 말씀을 전파할 책임을 떠맡은 사람들, 즉 "형제들"을 제치고 그녀가 최초의 메신저인 것이다. 그리스도의 두 손은 빈번히 두 개의 방향을 암시적으로 표시한다. 한 손은 하늘을 가리키고, 다른 한 손은 여인을 멈춰세워 그녀를 저의 소명 쪽으로 돌려놓는다.

그러나 또한 그들의 손이 거의 맞잡게 되기 직전까지 가는 경우도 있다. 확실하게 판단하기는 어렵다. 왜냐하면 어떤 그림들에서는 뚜렷이 깊이가 부여되지 않은 채로 구도들을 중첩시켜 놓아서 손 하나가 [상대의 손에] 닿아 있는 건지 아니면 단지 전경에 돌출해 있는 것일 뿐인지를 알 수가 없기 때문이다. 이 점에서는 티치아노가 범례적이다. 그의 그림에서 여인의 오른손은 옷 앞을 지나치고 있는 것으로 고려될 수도 있고 그것을 스치고 있는 것으로 간주될 수도 있는데, 예수가 자신의 몸을 보호하기 위해서(더 나아가, '나를 만지지 마라' 시리즈에서는 예외적으로 나타나긴 하지만, 자신의 중요 부위—고전 회화에서 십자가에 못 박힌 이의 **가리개**가 그것을 강조하면서도 가리고 있는—를 보호하기 위해서)인 양 그것을 주워 올려 자기 몸에 걸치려고 하는 도중이기 때문에 모호성은 가중된다. 폰토르모Jacopo da Pontormo, 알론소 카노Alonso Cano, 혹은 마리아의 두 손이 영광의 빛살들을 만지게 되는 지오토의 한 프레스코화에서도 마찬가지다. 이런 식으로 표현하는 게 허용된다면, 다음과 같은 생각은 불가피하다고 할 수는 없지만 권장할 만하다: 즉, 모호성은 의도되었으며 우리는 구도들의 중첩 전체를 특정한 접촉의 가치를 가지는 것으로 간주하도록 권유받고 있다고. 모든 게 마치 화가들이 "나를 만지지 마라"는 문장의 서사적이고 의미론적인 모호성 둘레를 맴돌기 위해서 갖은 꾀를 내고 있는 것처럼 보인다. 가령, 이 문장을 어떤 접촉이 이미 일어난 뒤에 발성된 것으로, 다시 말해 충분히 예상 가능한 후속 행동을 예방하기 위해 그녀의 이름이 발성된 만큼, 예수를 덥석 잡은 마리아의 최초의 강렬한 행동 뒤에 발성된 것으로 가정할 수도 있기 때문이다. 이 두번째 버전의 해석은 화가들에 의해 아주 빈번히 채택된 것으로 보이지만, 그러나 가장 주목할 만한 그림들에서 이런 해석은 거의 나타나지 않는다.

대체로 보아, 한 그림의 고유한 힘은 이 만지는 동작과 이 만짐을 얼마나 자기 방식으로 과감하게 다루느냐에 달려 있다. 여하튼 두 인물이 서로를 만지거나 스칠 때가 있는가 하면(폰토르모, 뒤러, 카노), 혹은 유사한 빈도수로 나타나는 경우에서처럼 막달라 마리아가 예수를 만질 때가 있고(티치아노, 지오토), 또는 예외적으로 예수가 여인을 만지는 때가 있다.[1] 마지막의 경우 그 만짐의 방식에 대한 논란이 있다. 폰토르모의 그림(브론치노Agnolo Bronzino가 복제한)[2]은 마리아의 가슴에 닿은 그리스도의 집게손가락을 그리는 것으로 혹은 희미하게 나타나게 하는 것으로 그쳤다. 한편 뒤러와 카노 두 예술가의 그림, 그리고 익명의 화가가 그린 생 막시맹Saint-Maximin[3] 교회당의 그림에

1. 이 점을 지적해두기로 하자. 나는 회화사에 나타난 이 장면에 관한 모든 그림들의 목록을 가지고 있다고 주장하는 것이 아니다. 또한 나는 내가 확보한 목록의 그림들을 모두 찾아보지도 못했다(가령, 메추Gabriël Metsu와 미냐르Pierre Mignard의 그림들이 그렇다). 이 책 안에 그 모든 그림들을 끼워 넣는 것도 불가능한 일이었다.
2. 폰토르모 자신은, 오늘날 멸실된 미켈란젤로의 그림을 복제하였다.
3. [옮긴이] 프랑스 남부 프로방스 지역의 '생 막시맹 라 생트 봄Saint-

서는 그리스도가 뚜렷하게(노골적으로라고까지는 말할 수 없지만) 마리아의 머리에 손을 얹고 있다.

여인의 동작을 멈추게 하거나 혹은 부드럽게 물리치기 위해 예수가 그녀의 몸에 손을 댄 것으로 생각하는 것도 충분히 가능하다. 그러나 그런 목적이라면 그녀의 손을 잡는 게 더 그럴듯할 것이다. 그와는 다른 동작을 통해서 그는 만지는 이가 된다. 그리고 이 경우 문장의 의미는 조금 이동한다: "나를 만지지 마라, 내가 너를 만진다." 그리고 우리가 이 그림들을 따라가며 생각해보고 그 동기들을 중첩시켜보면, 이 만짐은 거리두기와 다정함, 축복 기도와 어루만짐의 아주 특별한 조합으로서 이해될 수 있다: "나를 만지지 마라. 왜냐하면 내가 만지기 때문이다. 그리고 이 만짐은 너를 떼어놓음으로써 지켜주는 것과 같다."[4]

사랑과 진리는 만지면서 밀어내는 것이다. 그것들은 닿는 이가 누구든 물러서게 한다. 왜냐하면 이 접근은 만짐

Maximin-la-Sainte-Baume'에 위치해 있는 교회당을 가리킨다.
4. 생 막시맹 교회당은 전설에 의하면 막달라 마리아가 이집트의 사막으로부터 와서 도착한 곳이다. 이곳에 그녀의 피부 일부를 담고 있다고 여겨지는 유리병이 있다. 이 유리병의 이름이 "놀리 메 탄게레"이다. 또한 본문에서 언급한 익명의 그림이 있다. [옮긴이] 이 교회당은, 현재는 '생트 마들렌 대성당Basilique Sainte-Marie-Madeleine'('마들렌'은 '막달라'의 프랑스어식 발음이다)으로 이름을 바꾸었다. 2014년 현재 이곳의 지하납골당은 막달라 마리아의 두개골로 '추정된' 해골을 유리 유골함에 담아 보관하고 있다.

그 자체 안에서 그것들이 우리 힘 바깥에 있다는 것을 깨닫게 해주기 때문이다. 그것들이 우리를 만지고 우리를 찌르는 것은 그것들이 접근 불가능하다는 것과 같은 의미이다. 그것들이 우리 쪽으로 가까워지는 행위, 그것은 그것들의 멀어짐이다. 그것들은 우리에게 그 멀어짐을 느끼게 해준다. 그리고 이 감각이 그들의 의미 자체이다. 만짐의 감각이 만지지 말라고 명령한다. 드디어 이 의미를 자세히 말할 때가 되었다. '놀리 메 탄게레'는 단순히 "나를 만지지 마라"라고 말한다기보다 "나를 만지려고 원하지 마라"라고 말한다. 그게 본뜻이다. 동사 nolo(마라)는 동사 volo(원하다)의 부정어이다. 즉, nolo는 "원하지 마라"라는 뜻이다.[5] 이 점에서 또한 라틴어 번역은 그리스어 문장을 전치한 것이다(그리스어 문장 "mè mou haptou"를 정확히 라틴어로 옮기면 "non me tange"가 된다).[6] 놀리Noli: 그것을 원하지 마라, 그것을 생각하지 마라. '그것을 하지 마라'일 뿐만 아니라 그것을 할 때조차도(막달라 마리아는 그것을 하

5. 게다가 이 동사의 직설법 현재 2인칭은 'non vis'이다.
6. 그러나 제롬Jérôme([옮긴이] 라틴어 성경의 번역자)이 현재 우리가 알고 있는 방식으로 라틴어 텍스트를 기술한 것은, 그가 noli가 정중한 거부 혹은 금지의 표현임을 의식하고 있었기 때문이다. 그것은 오늘날 우리가 "만지는 걸 삼가주세요veuillez ne pas toucher"라고 말하는 것과 같다. "삼가주세요"에 강조를 두는 것은 지나친 해석이 되겠지만, 그것이 위장된 겸손이 아니라는 조건하에서는 정당하다.

는 것일 수도 있다. 그녀의 손은 벌써 그녀가 사랑하는 이의 손에, 혹은 그의 옷이거나 그의 벗은 몸의 살에 손을 대고 있는 것일 수 있다) 그것을 바로 잊어라. 너는 아무것도 잡고 있지 않다. 너는 누구도 잡거나 붙잡을 수 없다. 바로 그게 사랑하고 아는 것이다. 너에게서 빠져 달아나는 이를 사랑하라. 가버리는 이를 사랑하라. 떠나고자 하는 이를 사랑하라.

막달라 마리아

막달라 마리아는 부활한 이가 그녀 앞에 맨 처음 나타나는 게 당연한 사람이다. 비록 그것이 곧바로 떠나고자 하는 의도에서 나온 것이라 할지라도. 또한 그녀는 예수가 그녀가 본 것을 혹은 보았다고 생각한 것을 가서 전파하라는 소명을 부여하기에 가장 적합한 사람이다.[1]

예수의 생애에 있어서 막달라 마리아의 이야기는 두

---

1. 그녀를 부활의 최초의 목격자로 만들고, 간혹 이 역할을 통해 그녀를 예수의 어머니와 동일시하기까지 하는 전통의 탄생에 대해서는 다음 책을 참조하라. 프랑수아 보봉 François Bovon과 피에르 졸트랭 Pierre Geoltrain 편찬, 『기독교인 외경 모음 Écrits apocryphes des chrétiens』 1권, Paris, Gallimard, 1997 중에서 「바르톨로메오 부활서 Livre de la résurrection de Barthélemy」 8장 2절과 11장 1~3절의 주해들, 「필리피 행전 Actes de Philippe」 8장 2절의 주해.

가지 방식으로 열린 무덤 앞에서의 만남을 예고하고 있었다.[2] 한편으로 그녀는 나사로의 누이로서, 그의 생명을 살리려고 예수에게 달려갔었다.[3] 그때 이미 그녀는 자신이 주님을 얼마나 믿고 있는가를 보여주었다. 기적이라고 여겨진 것들을 순진하게 믿은 데서 비롯하는 게 아니라 죽은 자가 다시 일어나서 걸어갈 수 있다는 것에 대한 확신, 정말로 모든 죽은 자들이 살아 있는 자와 함께 존재하고 있으니, 죽은 자들이 당연히 그럴 수 있듯 나사로 역시 일어나 걷는 일을 멈추지 않는다는 확신에 의한 믿음이었다. 죽은 자들은 죽었으나, 그러나 죽은 자로서 우리와 함께 존재하고 있으며, 우리는 그들과 함께 새롭게 출발하는 걸 멈추지 않는다. 무로부터 새로 출발한다는 것이다. 절대적으로 출발한다는 것, 무덤 바닥으로부터 바닥 없는 바닥까지 가본

2. 또 하나의 지나친 해석: 성서에 등장하는 여러 상이한 여인들을 막달라 마리아에게로 수렴시켜 동일화하는 경향이 흔히 있다. 그렇게 해서 "나를 만지지 마라"라는 말을 들은 여인의 형상을 더욱 두드러지고 복잡하게 만든다. 그녀의 특별한 이야기는 그리스도의 역사 전체의 흐름을 따라가며 짜이는 '비유'가 된다. 여러 다른 마리아들(예수의 어머니는 제외하고)의 정체에 관한 논쟁은 해석학 문헌들 속에서 아주 두꺼운 문서를 이루고 있다. 최근의 연구로서 피에르-엠마뉘엘 도자Pierre-Emmanuel Dauzat의 『막달라 마리아의 발명L'invention de Marie-Madeleine』(Paris, Bayard, 2011)을 참조하라. 물론 나는 여기서 나의 개인적인 해석을 행하고 있지 않다. 나는 기왕의 해석들을 자유롭게 적용하고 있을 뿐이다.

3. 「요한복음」제11장 31~32절.

다는 것. 그 안에서 어떤 확정된 목적지를 향해 길을 가는 게 아니면서도 끊임없이 앞으로 나간다는 것.

예수의 발 아래 무릎을 꿇고 마리아는 그에게 이렇게 말했다. "주님, 주님이 여기 계셨다면, 내 오빠는 죽지 않았을 겁니다." 그녀는 이렇게 해서 스스로 알지도 못한 채로 예수가 방금 전에 그의 언니 마르타에게 한 말, "나는 부활이니라"에 화응한다.[4] 예수의 현존 앞에서 죽음은 생명의 멈춤으로 제한될 수 없다. 죽음은 끊임없이 임박하는 사라짐 안에서도 생명 그 자체가 된다.

그 이후 예수는 베다니(아)로 돌아와서 제자들과 마르타, 나사로 그리고 마리아와 저녁 식사를 함께 하였다. 마리아는 진귀한 향유로 예수의 발을 씻은 후 자신의 머리칼로 닦았다. 제자 중의 하나인 유다[5]가 향유를 가난한 자들을 위한 돈으로 만들지 않고 그냥 낭비해버렸다면서 그녀를 비난하였다. 예수가 이때 이렇게 말하였다: "나의 장례를 위해 그녀가 그걸 간직하도록 두어라."[6] 막달라 마리아는 그때부

4. 「떠남」장의 주 18(p. 36)을 참조하라.
5. 복음서는 그가 "장차 배신할 사람"임을 명시한다(「요한복음」 제12장 4절). 이 에피소드는 유월절([옮긴이] 출애굽 기념 주간으로 춘분 다음 음력 달의 14일에서 22일 사이[이집트 탈출 8일간]이다) 직전에 있었던 일이다.

터 언제나 죽음 가까이에 있었다. 따라서 당연히 예수의 죽음도 그녀는 곁에서 지켰다. 마리아는, 역시 잘 알려진 다른 에피소드에서는, 그녀의 언니 마르타가 집안일을 분주히 한 것과 달리 "좋은 자리를 택해"[7] 주님 곁에 앉아 있었다. 그녀는 언제나 이 세상에 속하지 않는 부분을 분별하고 이해하고 선택한 사람이다. 게다가 그녀가 부정한 삶[8]을 산 여

6. 「요한복음」 제12장 7절. 외경의 하나인 「아랍어본 예수의 생애Vie de Jésus en arabe」에 의하면(제7장 1~2절), 이 향유 단지는 할례한 예수의 음경 포피를 담고 있었다(『기독교인 외경 모음』의 주 44를 참조하라).

7. 「루카복음」 제10장 38~42절.

8. 통상 그녀를 매음녀로 간주해온 건 얼마간 「마르코복음」 제16장 9절에 근거해 있다: "예수님께서는 주간 첫날 새벽에 부활하신 뒤, 막달라 마리아에게 처음으로 나타나셨다. 그는 예수님께서 일곱 마귀를 쫓아주신 여자였다." 그러나 이는 무엇보다도 "죄악에 빠진 여인"이 예수의 발에 향유를 붓는 에피소드가 나오는 「루카복음」 제7장 36~49절에 근거한다. 같은 이름의 마리아가 여럿 있다는 게 또 이름 없는 여인까지도 그 안에 끌어들인다. 이렇게 다양한 복음의 이질적인 텍스트들을 통해 보편명사로서의 '막달라 마리아'가 만들어지고, 그녀는 이집트 사막에서 회개하고 프로방스에 정착해 거기서 죽는다는 등의 전설이 빚어진다. 잘 알다시피, 사막에 있는 마리아의 모티프는 회화에까지 연장되어 죄의 살과 열정적인 신앙의 모순적 복합체로서 그려지곤 했다. 화가들은 항용 사막에서 회개하는 여인 옆에 해골을 두고, 동시에 그녀를 머리를 길게 늘어뜨린 반라의 여인으로 그리곤 했다(그 제재로는 티치아노의 「막달라 마리아」가 범례적이다. 눈은 하늘을 향해 있는데, 그녀의 긴 머리카락은 그녀의 가슴께로 갈라져 흘러내리고 있다). 살, 죽음, 사랑은 '세상-바깥에-있는-이-세상-안의-존재'를 구성한다. 그게 막달라 마리아가 표징하는 것이다. 이는 또한 복음서들의

자로 간주되었다는 것은 다음의 역설에 부응한다: "바람직한 삶"은 좋은 풍속에 따르는 삶이 아니라(간음한 여인, 방탕한 아들 등도 이 문제에 포함시킬 수 있을 것이다), 이 삶과 이 세상 한복판에서 이 세상에 속하지 않은 것에 가장 가까이 다가가는 삶이다: 이 세상 바깥이란 무덤의 비어 있음이고 하느님의 비어 있음, 하느님 안에서의 비움 혹은 "하느님으로서의" 비움이다. 왜냐하면 손수 세상이 되어주시고 세상에 사람으로 태어나셨기 때문이다.

막달라 마리아는 가장 대놓고 예수를 만졌던 여자다. 향유를 그의 몸에 바른 여인이다. 향유는 그리스도라는 칭호(기름부음을 받은 자, 메시아)[9]에 부응하는데, 그러나 그 방식은 요컨대 뒤집은 양태(패러디거나 비판적이거나 해체적인)이다. 성유聖油는 감각을 자극하는 향유香油로 대체되고, 기름은 머리가 아니라 발에 부어진다. 진짜 기름부음인 건 맞지만, 그러나 죽을 예수의 몸을 미리 향기롭게 하는 기름부음이다. 이는 예수의 죽음과 부활을 예고하는

핵심 상징들 중의 하나로서, 매음녀들은 가난한 사람들과 함께하노니, 구약에서부터 내려오는 전통에 의하면, "하느님의 나라"에 가장 근접한 사람들이다.

9. [옮긴이] 메시아messiah의 어원은 히브리어 mâschîakh, 아르메니아어 meschîkhâ로 "기름부은 자," 즉 "주의 축복을 받은 자"라는 뜻이다. 이 말이 그리스어로 번역되면서 '그리스도Christ'가 되었다. 『로베르 대사전 *Le Grand Robert*』참조.

것, 그의 생애에서 품행이 의심스러운 여자로부터 도유를 받는 기묘한 축복을 통해서 기림받게 된 그의 몸을 예고하는 것이다.

다시 렘브란트로 돌아가자면, 그는 아마도 향유의 에피소드를 기억한 최초의 화가라고까진 말할 수 없다 하더라도, 무덤의 장면에서 그 에피소드를 상기시킬 줄 알았던 최초의 화가라고는 할 수 있다. 왜냐하면 '나를 만지지 마라'를 그린 다른 화가들, 즉 안토니오 라치Antonio Raggi, 후안 드 플랑드르Juan de Flandre 혹은 라비니아 폰타나에서처럼 막달라 마리아가 혼자 나오는 그림들(「회개하는 막달라 마리아」 등)의 경우 함께 그려진 향유 단지가 일종의 규범적 상징이 되어주고 있다면, 렘브란트에게서도 이 단지는 똑같이 나타나지만,[10] 그의 그림에서는 여인의 왼손 가까이에 천사가 내려놓은 팔과 다리가 씻기어 정화될 준비가 되어 있는 양 배치되어 있어서, 그만이 도유의 사건 자체를 환기시키고 있다.[11] 이 천사의 자세와 천사가 예수를 대체한 것

10. 이 단지는 아마도 그 전 장면에서 '니고데모'가 무덤으로 향료를 가져올 때 담았던 단지(「요한복음」 제19장 39절)와 막달라 마리아에게 상징의 역할을 하는 단지를 동시에 재현하는 것일 수 있다.
11. 마그나스코Alessandro Magnasco 역시 여인의 손을 예수의 발 가까이에, 단지와 멀지 않은 곳에 배치하고 있다. 그러나 암시가 불분명하다. 왜

으로 인해, 놀이적 특성을 가지고 가벼운 눈짓을 하듯 마련된 어떤 암시가 있는 듯이 보인다. 그러나 이 암시는 그만큼 더욱 특별히 정교한 성격의 것이다. 여인의 손이 만질 수 있는 발은 무덤에서 나오고 있다는 것, 아니 차라리 그 발은 무덤의 출입구를 강조하고 있다는 것. 손, 발, 그리고 다시 한 번 어둠과 빛의 분배(무덤의 가두리 위에 드리워진)는 바로 그 자리에 이 부활의 장면과 도유의 장면을 연결시키는 곡절을 모아놓고 있다. "나를 만지지 마라. 왜냐하면 너는 이미 나를 만졌고, 나는 내 몸에 너의 향기를 간직하고 있기 때문이다. 주님의 모든 권능이 죽음 안에서 나를 지켜주듯이, 네가 바른 모든 향유는 죽은 나를 지켜주고, 또한 이 기묘한 무덤의 진실을 지켜준다. 나를 만지지 마라. 이미 그것은 이루어졌다. 너의 귀한 향기는 이미 퍼졌다. 내가 떠나도록 두어라. 그리고 이제 네가 가서 나의 떠남을 알려라."

게다가 향료 혹은 향들은, 매장을 할 때, 도스토옙스키가 『카라마조프의 형제들』에서 말한 "시취屍臭"[12]가 풍길 것을

냐하면 발이 땅에 놓여 있기 때문이다. 그와 달리 렘브란트의 경우, 천사가 내려놓은 다리는 거기에 놓여야 할 명백한 어떤 이유도 없어서, 그게 그렇게 있는 게 일부러 그렇게 한 것이라는 판단을 가능케 한다.
12. [옮긴이] 제7편 「알료샤」의 1장의 제목으로서, 조시마 장로의 시체가

상기시키고 있다는 것을 빠뜨리면 안 된다. 그런데 나사로
에 대해 이런 말이 있었다: 그가 죽은 지 나흘째 되는 날
(예수가 부활하기까지의 날보다 하루 더 많다……), "그에
게서 벌써 냄새가 났다." 예수로 말하자면 그는 냄새를 풍
기지 않을 것이었다. 막달라 마리아가 부은 향유가 미리,
기림받는 몸의 또 다른 면모로서의 "성스런 향취"를 풍겨냈
을 것이다.[13] 니체의 광인은 극도로 흥분하여 이렇게 외친
다. "신이 부패하는 냄새를 다시는 맡지 말자―신들도 썩
는다니! 신은 죽었다. 신은 여전히 죽어 있다."[14] 신은 여전
히 죽어 있다, 틀림없이―그러나 이 신의 부패와 예수의 죽
음은, 원리상 그리고 그의 끊임없는 자기 해체의 운동을 통
해, 변별된다. 예수의 죽음은 신을 되살아나게 하지도 않고
어떤 인간을 되살아나게 하지도 않는다. 그 죽음은 다른 죽
음, 그리고 다른 삶에 대해서 말한다. **아나스타시스**[15] 혹은

풍기는 냄새를 가리킨다.

13. 꽤 나중에 등장하는 이런 표현은 성스런 이의 무덤은 부패의 냄새를
풍기지 않고 정반대로 향기로운 냄새를 풍긴다는 신앙을 드러낸다. 장-폴
알베르J.-P. Albert, 『신성의 향기, 향료들에 관한 기독교적 신비론*Odeurs de
sainteté—La mythologie chrétienne des aromates*』, Paris, EHESS, 1990.

14. 프리드리히 니체, 『즐거운 지식*Le Gai Savoir*』 125절, trad. P. Klos-
sowski, Paris, Gallimard, 1967.

15. [옮긴이] 이미 언급했듯, 아나스타시스anastasis는 '예수 그리스도의
부활'이라고 말할 때의 '부활'의 어원이다.

영광에 대해. 그것들은, 느껴질 수 없고 돌이킬 수 없는 죽음 안에 밴 향기—그 느낌, 그 육감— 같은 것으로서, 그의 "여성성"으로서의 "신성성divinité," 다시 말해 그의 "성스러움sainteté"을 이루는 것이다.

그런데 성스러움은, 다시 그걸 보거나 느껴야 하고, 다시 그걸 만져봐야 하는 것이다. 무덤 속의 천사들을 알아본 유일한 사람은 막달라 마리아였다. 그녀에 앞서 무덤에 왔던 제자들은 어둠 속에서 아무것도 보지 못하는 눈을 가졌다. 반면, 그녀는 거기에서 본다. 그녀가 무덤의 밤을 흩어버리는 게 아니다.[16] 그녀는 부재를 지키고 있는 이들, 무덤을 비워진 상태 그대로 지키고 있는 이들의 현존을 보는 것이다. 얼마 전 그가 이미 죽은 걸 볼 줄 알아, 아직 살아 있는 이의 몸을 향유로 씻었던 것처럼, 바로 그 살아 있는 이의 몸을 무덤 안에서 볼 줄 안 그녀는 이제 그녀를 제 이름으로 부르는 목소리를 들을 줄 안다. 그녀는 죽음 속에서 삶을 본다. 왜냐하면 삶 속에서 죽음을 보았기 때문이다. 그 어느 하나가 다른 쪽의 진리이어서가 아니라, 정반대로 진리가 그 둘을 갈라놓으면서 어느 한쪽으로도 귀착하지

---

16. [옮긴이] '밤을 흩어버리다'라는 표현은 라마르틴Alphones de Lamartine의 유명한 시구, "나는 오늘 밤에게 말하네. / '더 천천히 가거라.' / 그러면 여명이 곧 밤을 흩어버릴지니"(「호수Le Lac」, 『첫 명상Premières méditations』)에서 가져온 것이다.

못하도록 하기 때문이다. 진리는 절대적으로 귀결을 허용하지 않는다. 그것은 만지도록 내버려두지도 않고 붙들게 하지도 않는다. 어둠 **속에서** 보는 게 문제가 아니다. 더 나아가 어둠에도 **불구하고** 보는 게 문제가 아니다(변증법적 방식으로든 종교적 방식으로든). 중요한 것은 **어둠 안에서 눈을 여는 것**이다. 그리고 눈들이 그 어둠에 사로잡혀 있는 상태에서 그렇게 하는 것이다. 혹은 이렇게 말할 수도 있겠다. 중요한 것은 느낄 수 없는 것을 느끼는 것이다. 느낄 수 없음에 포박되어 있는 상태에서 말이다.

막달라 마리아가 그런 사람이라면, 복음서들에 나오는 인물들 중에서도 그렇게 특별한 사람이라면, 그리고 이러한 이유로 그렇게도 수없이 화가들에 의해 그려졌다면, 해골을 곁에 두고 사막에서 기도하면서 거의 한결같이 머릿수건도 없이 풀어져 내린 머릿결—그녀의 방정하지 못한 삶의 표지이자 동시에 예수의 발 아래 몸을 기울인 모습의 표지로서, 기이하게도 우아와 관능을 동시에 가리키는—을 하고 회개하고 뉘우치는 여인으로서 그려졌다면, 그것은 다음과 같은 사실에도 어김없이 들어맞는다. 그녀는 애무와 흠모를 결합시킨다. 삶과 죽음을, 여인과 남자를 결합시키듯. 가벼움과 무거움을, 여기와 저기를 결합시키듯. 그런데 한쪽에서 다른 쪽으로 건너가지 않고, 그것들을 뒤섞음

없이 그것들을 엄격히 나눈 채로, 멀어지는 만짐을 통해, 그 스스로를 차단하는 그 만짐을 통해 그렇게 한다. 그녀는 어떤 의미에서는 가장 고결한 성녀가 된다. 왜냐하면 감각적 접촉이 그것의 철회와 동일해지는 지점에 위치하기 때문이다. 거기는 포기의 지점이다. 그녀는 오직 떠남일 뿐인 현존 앞에서 포기한다. 오로지 어둠일 뿐인 영광 앞에서, 오직 냉랭함일 뿐인 향기 앞에서. 그녀의 포기는 사랑으로부터 유래하는 것이기도 하며 낙담으로부터 유래하는 것이기도 하다. 그 두 기원은 서로를 보완하지 않는다. 그 둘의 동시성은 이 순간 자체의 '들림levée'을 낳는다—일어서면서 사라지는 들림을.

나를 만지지 마라

이는 하나의 비유이리라. 부활한 이는 정원의 정원지기처럼 무덤에 있을 것이라. 정원지기는 무덤이 비었다는 걸 안다. 그는 그것에 겁먹지 않는다. 그는 정원을 가꾸고 죽은 이 근처를 돌본다. 그렇다고 해서 죽은 이에게 접근하려고 하지도 않는다. 그는 죽은 자들은 되살아나지 않는다는 것을 알고 있다. 그는 그들이 부재한 자리의 가두리의 모양을 다듬는다. 그는 그들에 대한 추억을 가꾸는 것이 아니라, 떠남과 인연이 서로 얽히게 된 그 아득한 근원을 가꾸는 것이다. 그는 가두리가 고요하고 깨끗하도록, 기적을 바라는 욕망이 끼어들거나 혼백이 되살아나지 않도록, 유독한 냄새든 머리를 지끈거리게 하는 향이든 말끔히 치워지도록 살핀다. 부활은 소생réanimation이 아니다. 그것은 죽음의 무한한 연장으로서, 현존과 부재의, 살아 움직이는 것과 꼼짝 않는 것의, 영혼과 몸의 모든 가치들을 옮기고 해체한다. 부활, 그것은 세계의 척도로서의 몸의 연장이자, 모든 몸들의 인접함을 측정하는 척도로서의 몸의 연장이다.

정원지기의 돌봄은 '숭배cult'를 만드는 게 아니라 '문화culture'를 만든다.[1] 문화는 일반적으로—모든 인간의 문화는—죽음과의 관계를 연다. 죽음을 통해서 열리는 관계를. 죽음이 없다면 어떤 관계도 없을 것이라. 죽음이 없다면 그저 편재하는 집착만이, 모든 것의 밀착과 유착, 그리고 응고만이 있을 것이라(자신이 더 퍼져나가기 위해서 생명을 유지시키는 부패만이 있을 것이라). 죽음이 없다면 그저 생명의 만남과 근접과 감염과 암종癌腫성의 확산만이 있을 것이다. 그래서 삶은 더는 삶이 아닐 것이다. 혹은 삶이긴 해도 **참 삶**[실존existence]은 아닐 것이다. 삶이긴 해도, 동시에 **아나스타시스**[부활]이지는 못한 삶일 것이다. 죽음은 관계를 연다. 다시 말해, 떠남을 서로 나누는 사건을 연다. 우리는 저마다 끊임없이 끝없이 오고 간다. 끝나는 것처럼 나타나는 그것 자체가 끝없이 다시 나타난다. 그러

---

1. [옮긴이] cult와 culture는 colere('경작하다, 돌보다, 기르다')라는 같은 어원에서 나왔다. 단 cult는 colere의 은유적 의미, '경배하다, 숭배하다'라는 뜻을 통해 만들어졌고, culture는 본래의 뜻을 통해서 발전하였다. 『로베르 대사전』 참조.

나 이 '[떠남의] 계시révélation'는 어떤 걸 벗겨 보여주는 게 아니다. 더욱이나 죽은 자를 산 자로 변신시키는 게 아니다("변신transfiguration" 혹은 그리스어로 "메타모르포스 métamorphose"는 예수 이야기의 또 다른 에피소드이다. 그것은 죽은 그리스도의 영광의 예고로서 나타난다. 그러나 정확히 말해, 이 에피소드는 영광 속에 거주하는 게 중요한 게 아니라는 점을 가리키고 있다:[2] 즉, 광채에 쌓여 있는 것은 찰나일 뿐이다. 정확히 삶과 죽음 사이에 혹은 만짐과 거둠 사이에 놓인 찰나).

계시, 즉 부활이 그 절정이자 최후의 말씀이 되어야 하는 이 계시는 밝혀 보여줄 것이 아무것도 없다는 것, 무덤에서 꺼내 보여줄 것이란 없다는 것, 어떤 출현도, 어떤 신현 théophanie도, 천상의 영광의 어떤 현현顯現도 없다는 것을 가리킨다. 따라서 최후의 말씀도 없다. 심지어 예수와 막달라 마리아 사이에는 "작별인사"도, 기원祈願의 "인사"도 없다. 그리고 이 커플이, 숱한 전설과 시 들이 그러기를 바랐듯, 신비한 연인 관계라면, 이 연인들은 갈라짐으로써만 사랑을 느낀다.

2. 「마태오복음」 제17장 2절 이하, 그리고 「마르코복음」 제9장 2절 이하를 참조([옮긴이] 자신의 죽음과 부활을 예고한 예수가 산에 올라 갑자기 몸이 바뀌는transfiguré 그 장면을 가리킨다).

영광스러운 몸은 떠나는 몸이자 동시에 말하는 몸이다. 오로지 떠나면서만 말하는 몸이다. 정원지기의 평범한 모습을 하고서는, 동시에 묘소의 어둠 속에서 지워지는 몸이다. 그의 영광은 볼 줄 아는 눈들에게만 빛난다. 그런데 이 눈들은 정원지기 외의 다른 누구를 보는 게 아니다. 그러나 정원지기는 말한다. 그는 죽은[3] 이를 슬퍼하며 우는 여인의 이름을 말한다. 이름을 말한다는 것, 그것은 죽어서 죽지 않는 것 자체를 말하는 것이다. 그것은 떠나지 않고 떠나는 것(흔히 묘소 위에 새겨진 형태로 남아 있는 것)을 말하는 것이다. 이름은 떠남 없이 떠난다. 왜냐하면 그것은 저마다의 무한히 끝나감에 대한 계시를 담고 있기 때문이다. "마리아야!"라는 부름은 마리아를 그녀 자신에게 계시한다. 그녀에게 그녀를 부르는 목소리의 떠남과 자신의 이름이 그녀에게 지우는 임무—그녀 또한 떠나 그의 떠남을 알려야 한다는—를 동시에 깨닫게 하면서. 고유명사는 말하지 않고 말한다. 왜냐하면 그것은 의미하지 않고 가리키기 때문이다. 그리고 그 이름이 가리키는 사람 혹은 여인은 모든 의미화로부터 무한히 물러나고 있다.

저마다 부활한다. 하나하나, 그리고 전신全身이corps

---

3. [옮긴이] 막달라 마리아가 우는 순간, 그녀의 입장에서는, 예수는 '죽은' 이이다.

pour corps.[4] 이것이 이스라엘에서 복음서를 거쳐 이슬람에 이르기까지 유일신 사상의 문화에서 이해하기 어려운 교훈이다. 부활은 참 삶[실존]의 개별성을 가리킨다. 그리고 이 개별성을 이름으로서 가리키고, 또한 그 이름을 죽은 이의 이름으로서 가리키며, 죽음을 이름으로부터 의미화를 떼어놓는 것으로서 가리킨다. 명명된다는 것, 그것은 떠남 중에 놓인다는 것이다. 그리고 의미를 저의 부두에서 떠나게 해, 실로 거기에 접안조차 못하도록 하는 것이다.

의미에 가 닿지 못하게 되리라. 바로 거기에 진리가 있다. 또한 그것이 **삶/죽음, 정원/무덤**을 그 의미를 텅 비게 하고 동시에 파괴될 수 없는 것으로 만든다. 다만 정원지기가 말하는 것을 들을 귀를 가져야만 하고, 묘소의 눈부신 텅 빔을(내부를) 보기 위하여 눈을 가져야 하며, 아무 냄새도 나지 않는 것을 맡기 위해서 코를 가져야 하는 것이다.

"나를 만지지 마라, 나를 붙들지도 마라, 찾지도 붙잡지도

4. [옮긴이] corps pour corps는 인격 전체로서의 몸을 가리키는 고전시대의 어휘이다. 리트레Littré 사전에 의하면, 이 말은 '인격' 자체를 가리키는 말로서, 상호간의 전적인 신뢰를 표현할 때 사용되었다. 용례로 "나는 당신의 일을 전적으로 책임지고 맡겠습니다Je répond de vous corps pour corps" (코르네유Thomas Corneille) 같은 문장을 들 수 있다.

막지도 마라. 모든 집착을 포기해라. 친숙과 안전을 생각지 마라. 도마가 원하게 되는 것처럼 어떤 확증이 있으리라고 믿지 마라. 어떤 방식으로든 맹신치 마라. 그러지 말고 이 불-신앙 속에 확고히 머물러라. 거기에 충실해라. 내 떠남에 충실해라. 내 출발 안에서 유일하게 남는 이것에 충실해라. 내가 발음하는 네 이름에. 네 이름 안에는 포착할 것도 전취할 것도 없다. 있다면 이런 게 있을 뿐이다. 네 이름은 저 아득한 옛날부터 결코 끝나지 않을 저 훗날까지, 언제나 떠나고 있는 바닥 모를 바닥으로부터 네게 발송되었다는 것을."

* * *

두 몸, 영광의 몸과 살의 몸. 그것들은 이 출발 속에서 변별되며 동시에 서로에 속하게 된다. 전자는 후자의 들림이고 후자는 전자의 죽음이다. 죽음과 들림은 똑같은 것—"그것," 명명될 수 없다는 뜻에서—이면서 동시에 똑같은 것이 아니다. 왜냐하면 여기에 '동일성'이란 없기 때문이다. 몸과 함께 일어나는 것, 넓혀 말해 우리가 신들의 세상에서 빠져나올 때 세상과 함께 일어나는 것, 그것은 세상의 변성altération이다. 신들과 인간들과 자연에게 한결같은 세상이었는데, 이제부터는 어떤 '이타성異他性; altérité'이 생겨 세상 이곳저곳을 가로지르고, 유한한 것의 무한한 분열—무한자에 의한 유한자의 분열—이 일어난다. 그리하여 광영이 그 자신으로부터 살에 속하는 것을 분리해낸다. 육욕적 실추의 가능성이 광영의 가능성과 함께 주어진다. 어떤 도덕이 살을 억누르기 위해 개입하기는커녕, 무엇보다도 그 자신으로부터 분리되는 살이 그렇게 분리된 그 자신과의 구성을 통해 이런저런 도덕을 만들어내는 일이 일어난다. 이러한 분리—죄악과 구원—는 다름 아니라 세계의 동질적 통일을 보장해주던 신들의 현존의 소멸로부터 기원한다.

동시에 이어서, "신성한 것"은 이제 세계 안에서든 세계 밖에서든 있을 자리가 없다. 왜냐하면 다른 세계란 없기 때문이다. "이 세계에 속하지 않는" 것은 다른 세계에도 속하지 않는다. 열림, 분열, 떠남, 들림은 이 세계 안에서 일어나는 것이다. 또한 "계시"는 천상의 영광의 출현이 아니다. 그것은 오히려 반대로 영광으로 들린(세워진) 몸의 떠남 안에 있다. 계시는 실종 안에 있다. 그리고 계시하는 자는 떠나는 자가 아니다. 계시하는 자는 떠나는 자가 '가서 자신의 떠남을 알리라'고 수고를 맡긴 여인이다. 결론적으로 이 살로 된 몸이 영광의 몸을 계시하는 것이다. 그리고 그렇기 때문에 화가들은 막달라 마리아가 [속세로부터] 물러나 죽은 이의 곁에서 회개하는 모습을 그릴 때조차도 그녀의 감각적인 육체를 묘사해야 한다는 것을 알았던 것이다.[5] '놀리 메 탄게레'는 말을 구성한다. 그리고 두 몸 사이의 연관과 계시의 순간을, 다시 말해 무한히 변성되면서 무덤 속에서도 그의 들림 속에서도 똑같이 드러나는 어떤 한 몸의 순간을 구성한다.

대관절 왜 몸인가? 왜냐하면 몸만이 쓰러지고 일어설 수 있기 때문이다. 왜냐하면 몸만이 만지거나 만지지 않을 수 있기 때문이다. 정신은 그 자체로서 아무것도 할 수 없다. "순수한 정신"은 단지 완전히 그 자신에게 닫힌 현존의 형식적이고 공허한 지표들만을 제공한다. 몸은 이 현존을 개방한다. 그것은 이 현존을 현재화하고 바깥에 내놓는다. 몸은 그것을 그 자신으로부터 떼내고, 그 사실을 통해서 다른 몸들과 함께 그것을 끌고 간다. 그렇게 해서 막달라 마리아는 사라진 이의 진정한 몸이 된다.

5. 몇몇 「사막에서의 막달라 마리아」는 나이든 몸을 보여준다. 퇴락한 몸, 그러나 여전히 유혹적이면서, 관능적인 것과 금욕적인 것을 분별할 수 없게 하는 몸이다. 몽펠리에 박물관에 있는 리베라Jusepe de Ribera의 그림이 그런 경우다.

에필로그

이 장면을 그린 화가는 이렇게 덧붙인다: 내 손들은 나타나지 않는 나타남을 향해 뻗쳐 있소이다. 장면 전체를 허물어버리는 떠남을 향해. 서로를 알아보지 못한 채로 있는 유사성을 향해. 빛과 함께 재현의 회피를 도모하는 어둠을 향해. "나를 만지지 마라"라는 말을 내게 되풀이하는 동기이자 화폭인 것을 향해.

그림은 기본적으로 만지지 않는 것이다. 이미지 일반이 그러하다. 이것이 조각과의 차이이다. 조각은 어쨌든 눈과 손에 번갈아가면서 맡겨져야 한다. 마치 만지기 직전까지 다가가다가 보기 위해 거리를 두며 물러나 둘레를 도는 걸음과 유사하게. 그러나 봄이란 무엇인가? 분명 그것이 연기延期

된 만짐이 아니라면? 그런데 연기된 만짐이란 무엇인가? 만짐이 만지는 바로 그 순간 만지는 것과 분리되는 지점, 즉 그 극점과 순간을 과잉 직전까지 극단화하여 남김없이 첨예화하고 정제해내는 만짐이 아니라면? 이러한 떨어짐, 이 물러남 혹은 이 거두어들임이 없다면 만짐은 더 이상 만짐이 아닐 것이다. 만짐은 만짐이 하는 것을 하지 못할 것이다(혹은 만짐이 하도록 되어 있는 것을 하지 못하도록 방치하고 말 것이다). 그것은 어떤 포착, 고착, 접착, 더 나아가 그것을 특정한 사물 속에 가두고 사물을 그 자신 안에 가두어, 그것들을 맞물리게 하고 서로 상대방을 제것화하고 동시에 상대방 안에서 적용되는 응착 속에서 사물화되기 시작할 것이다. 동일화, 고정, 소유, 부동성이라는 결과를 낳을 것이다. "나를 붙들지 마라Ne me retiens pas"는 또한 이렇게 말하는 것이 된다: "나를 만지려면 제대로 만져라, 떨어져서. 전유하려고 하지 말고 동일화하려고 하지 말고." 애무해다오, 그러나 만지지는 마라.

예수가 막달라 마리아를 거부해서가 아니다. 자신을 내어주는 진짜 운동은 어떤 물건을 빌려주듯이 내주는 게 아니라, 현존의 접촉을 가능케 하는 것이기 때문이다. 결국엔 사라짐, 실종 그리고 떠남을 만지게 해야 하는 것이다—현존은 언제나 이것들을 통해 스스로를 현존으로서 드러내게 된다. 이를 길게 분석할 수도 있으리라. 내가 나를 마음대로 쓸 물건처럼 내어준다면(사람들이 이런 어법을 쓸 때 통상 의미하는 바가 그렇듯), 멋대로 다룰 수 있는 재산처럼 나를 내어준다면, 나는 이 물건 뒤에, 그리고 이 내어줌 뒤에 "자아"로 남는 것이다. 나는 그 내어줌들을 감독하며, 그것들과 나를 구별한다(그리고 이는 아마도, 흔히 말하듯 내가 나를 "희생"할 때조차 그러할 것이다. 왜냐하면 나는 나를 "희생"함으로써 어떤 성스런 가치를 부여받는 셈이 되기 때문이다. 그리하여 이 희생이라는 내어줌은 나에게 그 대가를 이자를 붙여 되돌려줄 것이다……어쨌든 이것도 간단히 배제할 수 없는 가능한 해석 중의 하나이다). [반면] 내가 나를 내어주되 만짐을 회피한다면, 그렇게 해서 좀더 떨어진 곳이나 다른 곳에서 만질 것을 찾아보도록 유도한다면, 그리하여 만짐 자체에 결락이 발생하도록 한다면—그런데 모든 애무가 하는 일이 이런 게 아닌가? 애무에서 떨어져 물러날 때, 심장의 고동 혹은 입맞춤의 떨림이 있는 게 아닌가?—나는 이 내어줌을 내 마음대로 지배하고 있지 않다. 실제로는 나를 만지고 내게서 벗어나는 그/그녀, 혹은 나를 만지기 전에 내가 억제하는 그/그녀가 나로부터 (나의) 현존의 광채를 끄집어내는 것이다.

　　마리아의 뻗은 손을 그리는 화가는 그렇게 스스로 제 손들을 화폭을 향해—인내와 우연으로 이루어지는 정확한

터치를 향하여, 그 터치한 손을 곧 생생하게 거두어들이는 그런 터치를 향해—뻗고 있는데, 또한 동시에 우리에게 제 이미지를 내밀며 우리가 그것을 만지지 않고, 우리가 그 이미지를 하나의 지각 속에 붙들고 있지 않고, 정반대로 우리가 이미지의 그리고 이미지 안의 온전한 현존을 음미할 때까지 거리를 두고 물러서 있도록 요구함으로써, "부활"의 진리를 작동시킨다. 이미지 한복판에서 진리의 개별성의 떠남에 접근하는 것이 그것이다. 그렇게 그는 **그린다**(그런데 여기에서 이 그린다는 동사는 제 의미를 모든 예술 양식과 관련될 정도로 확장할 수 있다). 다시 말해, 무엇보다도 그는 진정한 의미에서 "재현représenter"한다. 진정한 의미라 함은 이 재현이라는 단어의 뜻이 "부재로서의 실종의 현존을 강렬하게 만든다"임을 가리킨다.

* * *

그러나 그렇다 해도 듣는 일 또한 그만둘 수 없다. 왜냐하면 "놀리 메 탄게레"라는 말의 가락은 여전히 울리고 있으니 말이다. 우선 그리스어 haptô를 라틴어 tango로 번역하였는데, 라틴어는 "만지다"와 "붙들다"라는 이중적 의미를 뜻하는 동사를 갖고 있지 못하기 때문에, 특이한 해석의 길에 접어들게 되었다는 점을 강조 겸 상기시키기로 하자.[1]

여기서 언어의 제약은 이 이야기 그 자체가 암시하는 매력, 또한 복음을 기술한 요한의 감성의 맥락 안에서 표현되는 은밀히 숨은 이야기의 매력과 꾀바르게 결합하게 된다. 막 달라 마리아의 감성이 요한 그 자신의 감성과 잘 들어맞았

1. 어떤 번역들은 통상적인 것과는 반대의 뜻을 취한다. "나를 그렇게 붙들지 마라."『예루살렘 성경』([옮긴이] 예루살렘 성서·고고학 학교École biblique et archéologique française de Jérusalem에서 주도하고 있는 정교한 성서 번역서. 1956년 첫 판이 출간되고, 현재도 진행 중이다)은 이 뜻을 명시하면서 주를 달아, 「마태오복음」 제28장 9절에 나와 있듯—여기서 예수는 "성스런 여인들" 전부에게 출현한다—마리아가 그리스도의 발을 끌어안았다고 적는다. 이런 방식으로 문헌학과 기독교 영성신학을 연결시키려고 하는 번역은 그 전까지의 모든 번역들이 길어냈던 함의, 모든 그림들이 암시하고 있는 함의를 교묘하게 생략 혹은 회피한다. 우리는 비슷한 이유에서 음악가들이 그 에피소드를 피했다는 가정을 감히 할 수도 있으리라. 실제 음악가들은 사막의 회개하는 여인의 에피소드에 대해서는, "십자가 아래 무릎 꿇은" 마리아, 혹은 "그리스도의 발 아래 무릎 꿇은" 마리아를 노래하게 했다(아네티Giovanni Battista Agneletti, 로시Luigi Rossi, 프레스코발디Girolamo Frescobaldi, 칼다라Antonio Caldara 등등). 하지만 [만일 작곡되었더라면] 그리스도가 노래하게 될 '놀리 메 탄게레'의 음악적 감성에 감히 도전하기는 쉬운 일이 아니었을 것이다. 그러나 그럼에도 불구하고 중세의 전례 가극들(「로토마장스 성찬송Graduale Rothomagense」 참조. [옮긴이] 12세기 루앙의 성찬송. Graduale는 미사성찬전례에서 쓰인 찬송음악을 가리킨다. Rothomagense는 프랑스 노르망디 지방의 루앙Rouen의 옛 이름 Rothomagus에서 파생한 단어이다) 중에서 이 에피소드가 노래로 만들어졌고, 현대음악 중에서는 특히 에르키 멜라르틴Erkki Melartin 또는 히로즈키 야마모토Hirosuki Yamamoto의 기악극 중에서 이 에피소드를 제목으로 삼은 걸 볼 수 있다. 게다가 마스네Jules Emil Frederic Massenet는 정원

던 덕택이다. 이 기록자는 그 장면 직전에 자신을 "예수께서 사랑하신 제자"[2]로 지칭하였었다. 잘 알다시피, 최후의 만찬에서 "예수님의 품에 기대어" 앉은 이가 바로 그다.[3] 요한과 막달레나는, 한 사람은 상대방의 펜을 통해서, 다른 사람은 아마도 예수가 "내 사랑 안에 머물러라"[4]라고 말했을 때의 그 머물 품에 대한 사랑의 경쟁 혹은 사랑의 완성—남성적인 것과 여성적인 것의—을 통해서 서로에게 부응한다.

기독교의 사랑은 일종의 '믿기지 않는 사랑'이다. 그것은 하나의 명령commandement인데, 그 "고귀함sublimité"[5]은 담

의 에피소드가 나오는 루이 갈레Louis Gallet의 텍스트에 근거해서 오라토리오 「막달라 마리아」를 작곡했었다. 이 곡은 정확하게는 '종교음악'이 아니다. 그러나 막달라 마리아가 타이스Thaïs, 사포Sappho, 마농Manon과 함께 이 작품의 중요한 일부를 이루는 만큼 주목할 만하다. 막달라 마리아는 또한 앤드류 로이드 웨버Andrew Lloyd Webber와 팀 라이스Tim Rice가 만든 뮤지컬 「지저스 크라이스트 슈퍼스타Jesus Christ Superstar」([옮긴이] 1971년 작곡되고 전 세계에서 공연된 록 뮤지컬)에서 사랑의 경배자로서 나온다.

2. 「요한복음」 제20장 2절. 요한은 이 복음서에서 일곱 번이나, 자기 이름을 거명하지는 않은 채로, 자신을 언급한다.

3. 「요한복음」 제13장 23절.

4. 「요한복음」 제15장 9절. 이는 요한의 끈덕진 주제이다.

5. 프로이트의 『문명 속의 불만Malaise dans la civilisation』 5장과 8장 참조. 이어지는 인용들도 여기에서 따온 것이다.

고 있는 것보다 드러낼 게 더 많다.[6] 어쨌든 그렇다는 게 프로이트의 통찰적인 시선이 밝혀낸 바이다. 그에 의하면 이는 "집단적 초자아의 반심리적" 특성에 해당하는 것으로, 그 명령은 "따르기가 힘들다." 여기에서 이 명령—프로이트는 또한 여기에서, "타인에 적대적인 인간 존재의 구성적 공격성"을 '에둘러 말하지 않고' [직접] 지적하는 일의 "아주 특별한 효용성"을 찾아낸다—에 대한 검토를 더 깊이 파고 들어가지는 않을 것이다. 나는 간단히 다음 지적을 덧붙이기로 한다. 기독교의 사랑은 "부활"과 같은 범주에 속하는 것이어서, 전자가 불가능하다면 후자도 불가능할 것이다. 그 둘의 공동의 진리는 바로 이 불가능성 자체에 근거하리라. 어떤 기적, 전자에서는 심리적이고 후자에서는 생물학적인 어떤 기적이 불가능을 가능으로 돌릴 수 있어야 한다는 의미로서가 아니라, 이 불가능의 자리를 가능한 것으로 만들지 않고, 그렇다고 그 필연성을 사변적이거

6. [옮긴이] 겉으로 드러난 것보다 더 많은 것을 요구한다는 것을 가리킴. 가령, '사랑'은 자기애에 기초하기 마련인데, 예수의 사랑은 "네 이웃을 너처럼 사랑하라"고 요구한다. 프로이트에 의하면(앞의 책, 8장) 이것은 "따르기가 어렵다." 왜냐하면 한편으로 사랑의 대상이 많아지면 그만큼 사랑할 가치가 떨어지는 반면, 사랑이란 폭력의 반대이므로 그만큼 상대적으로 위험에 처할 가능성이 높아지기 때문이다. 그런데 예수의 사랑은(혹은 '문명'은) 사랑의 대상이 많아질수록 더 사랑할 가치가 높아진다고 말하는 것이다. 문명의 "반심리적 특성"이란 이를 가리킨다.

나 신비론적인 탐색의 자원으로 변환하지도 않으면서, 그 대로 지키고 있어야 한다는 의미에서 말이다. 불가능의 자리에 위치한다는 것은, 인간이 자신의 한계—자신의 폭력의 한계, 죽음의 한계—에 위치한다는 것으로 돌아간다: 이 한계의 자리에서 그는 무너져내리거나 혹은 위험 앞에 자신을 노출한다. 그리고 이런저런 양태를 통해서 그는 필연적으로 패배하게 되어 있다. 때문에 이 자리는 현기증 혹은 스캔들의 자리일 수밖에 없다. 불가능의 자리인 것과 동시에 [너무나 분명해서] 견딜 수 없는 자리인 것이다. 이 폭력적인 역설은 해소되지 않는다. [대신] 이 자리는 다른 것으로 환원될 수 없으면서, 또한 그만큼 내밀한 자리로 남는다. '틈'의 자리로서 말이다: "나를 만지지 마라."

* * *

이 역설은 우리를 다시 한 번 이 문장에 들어 있는 이중의 함의로 이끌고 간다. 얼핏 보아서는 아주 기초적인 수준에서.

우선 이 문장은 대면의 상황에서 위협적인 어조로 울릴 수 있다: 나를 만지지 마라. 나를 만지려고 들지 마라. 만지면 나는 너를 때리겠다. 나는 너를 용서하지 않을 것이다! 나를 만지지 마라. 너는 내가 얼마나 폭력적이 될 수 있는지를 짐작하지 못하고 있다. 이것은 최후의 경고이고 최후의 통첩이다. 그리고 법이 물리력에게 양보하는 마지막 한계이다. 타자에 대한 폭력으로 혹은 정확하게 말해 경고를 통해 폭력으로 지칭하게 될 것을 가지고 스스로를 정당화하는 물리력에게. 그리고 이 최후의 용맹한 맞섬 속에서 불시의 외침 혹은 명령[7]은 그 자체로서 폭력에 대한 촉구의 형식을 띤다. 이 경보를 발하는 사람은 폭력을 원하는 사람일 수 있다.

또는 이 문장은 명령이라기보다는 고통 혹은 희열의 과잉 속에서 발성될 수 있는 탄원처럼 울린다. 나를 만지지 마라. 왜냐하면 나는 내 상처의 고통—혹은 참을 수 없을 정도로까지 고조된 이 관능—을 이 이상 참을 수 없기 때문이다. 더 이상 감당할 수 혹은 향락할 수 없다. 그런데 고통하고 향락한다는 것은 필연적으로 과잉의 논리—정상 의학과는 아주 동떨어진 병적-논리patho-logique[8]—에 의해 지탱되는 것이다. 이 과잉의 끝에서 각자는 상대방을 끊임없이 더욱 배척하면서도 결국은 엇갈림의 형식으로 마주치

---

7. [옮긴이] "나를 만지지 마라"와 같은 명령.
8. [옮긴이] pathologique는 '과도한 감정에 의한' 정도의 뜻이다. 그런데 낭시는 이 어휘를 patho-logique로 나누어, 이러한 감정의 움직임 자체가 하나의 논리를 구성한다는 것을 드러낸다. 어원적으로 patho는 '격렬한 감정' '질병'을 함께 뜻한다.

고야 만다. 이 엇갈린 마주침의 지점은 (논리적이거나 변증법적인) 모순의 지점이 아니라, 응축, 수축 그리고 끌어당김의 지점이다. 고통이 희열하고 희열이 고통할 수 있는 급폭발déflagration의 자리이다. 여기에서 뇌관을 [제거하려고] 만지지 마라, 아예 찾지도 마라. 왜냐하면 그러면 나는 정말 폭발할 것이라.

나는 내포된 내용들 혹은 이 소리의 울림을 요한의 무의식[9]

9. [옮긴이] 저자가 "요한의 무의식"을 언급한 것은 아마도 다음의 사실에 근거하는 것으로 보인다. 「요한복음」 내에는 집필자인 요한이 이름을 밝히지 않은 채로 자신에 대해 언급하는 대목이 여러 번 나오는데, 그 대목들의 암시성이 강하다. 대표적인 것들을 들면 다음과 같다. 제13장에서, 예수는 자신을 밀고할 자를 예고하시는데, 베드로가 "예수께서 사랑하신 제자"가 "예수님의 품에 기대어" 앉아 있는 걸 보고, 그에게 고갯짓을 하여, 예수님께 "그(=밀고할 자)가 누구입니까"라고 물어보게끔 하였다. 그 물음을 던진 제자, 즉 예수님께서 사랑하시는 제자가 요한이다. 제19장에서는 예수께서 십자가에 못박히신 후, "당신의 어머니와 그 곁에 선 사랑하시는 제자를 보시고" 어머니에게 이렇게 말을 하였다. "여인이시여, 이 사람이 어머니의 아들입니다." 그리고 제자에게도 "이분이 네 어머니이시다"라고 말하셨다. "그때부터 그 제자가 그분을 자기 집에 모셨다." 「요한복음」 제20장에서는 마리아 막달레나가 예수의 무덤이 치워진 것을 보고 제자들에게 달려가는데, 그때 제일 먼저 만난 사람이 베드로와 "예수께서 사랑하신 제자"였다. 제21장에서는 부활하신 예수가 일곱 제자 앞에 나타나셨는데, 그 이를 제일 먼저 알아보고 베드로에게 일러준 이가 바로 "예수께서 사랑하신 제자"이다.

이나 제롬의 무의식[10]에 할당하지 않으려 한다. 그렇게 한다면 우스꽝스러운 일이 될 것이다. 나는 단지 다음과 같은 점을 지적하고 싶다: 이 내용과 소리는 이 텍스트 그리고 이 텍스트가 발생시킨 장면에 대한 독서들과 그것들의 재현들, 그것들에 대한 강력한 유혹들 속에서 작동하고 있다는 점을. 그리고 그것은 이 장면이 텍스트의 문면의 의미에 반하여, 한 기림받은 몸이 감각적인 육체에 자신을 드러내면서 동시에 후자에 자신을 내어주기를 거부함으로써, 그

10. [옮긴이] "제롬의 무의식"을 언급한 것은 아마도 다음의 사실에 근거하는 것으로 추정된다(https://guardianoftheredeemer.wordpress.com/2009/09/30/learning-from-st-jerome/). 성 제롬은 예루살렘에서 수년 동안 신의 말씀을 번역하였다. 크리스마스 전날 번역을 완성하고 자축을 위해 베들레헴 근처 동굴에서 밤을 지내기로 했다. 자정 즈음에 예수가 그 앞에 나타나 이렇게 말했다. "제롬아, 네가 내 생일 선물로 무얼 주려고 하느냐?" 제롬은 즉각 열정적으로 대답했다. "주여, 나는 주님의 말씀을 번역한 걸 드리고자 합니다." 그러나 예수는 이렇게 대답했다. "아니다, 제롬아, 그건 내가 원하는 게 아니다." 제롬은 말을 잃고 다시 궁리하다가 여러 가지 다른 선물을 말했다. 그때마다 예수는 "아니다, 제롬아, 그건 내가 원하는 게 아니다"라고 말하셨다. 결국, 제롬이 물었다. "주여, 말해주십시오. 당신의 생일에 당신을 가장 기쁘게 해줄 선물이 무엇인지 말해주십시오. 곧 바치리이다." 예수: "제롬아, 약속하느냐?" 제롬: "예 주님, 무엇이든지요." 예수: "너의 죄를 내게 주려무나"(조셉 랭포드Joseph Langford, 『마더 테레사의 은밀한 불: 그녀의 인생을 바꾼 만남, 그리고 그것은 어떻게 당신 자신을 변화시킬 수 있을까?Mother Teresa's Secret Fire: The Encounter That Changed Her Life, and How It Can Transform Your Own』, Our Sunday Visitor, 2008, pp. 113~14).

두 몸은 각자 상대방의 진실을 노출하고 한 의미가 다른 의미를 스치지만, 그러나 두 진실은 화해할 수 없이 서로를 밀어내고야 마는 기이한 장면으로서 발생하는 과정을 통해 그러하다는 것을. 뒤로! 물러나! 참아!(아니 나를 참아야 하나?) 떠나!

포옹의 자리 바로 그곳에서 일어나는 불협화음이 진리 자체를 끝없이 제한하고 심연에 빠뜨린다. 그것의 고통과 그것의 희열을. 그것이 몸의 들림이다.[11]

11. [옮긴이] 즉, 그것이 부활이다.

이 책이 인쇄되던 때에 나는 마리안느 알팡Marianne Alphant, 다니엘 아라스Daniel Arasse 그리고 기 라퐁Guy Lafon의 공동 작업인 『막달라 마리아에게 나타나시다*L'Apparition à Marie-Madeleine*』(Desclée de Brouwer, 2001)가 출간되어 있다는 것을 알았다. 그 책을 참조하지 못한 게 아쉽다.

해설

예수의 부활을
통해서 본 민주주의 사회의 존재론
정과리

목회자의 체험적
시각에서 본 부활과 '나를 만지지 마라'
이만형

옮긴이 후기

예수의 부활을 통해서 본
민주주의 사회의 존재론*

정과리

이 책은 예수의 부활의 장면에 관한 성찰의 글이다. 「요한 복음」을 예로 간단히 정리하면 부활의 첫 장면(제20장 1~18절)은 다음과 같이 구성되어 있다: 예수가 십자가에 못 박혀 죽고 나서 안식 후 첫날 예수의 무덤이 빈 것을 알고 막달라 마리아가 제자들에게 말하자 제자들이 와서 확인하고 돌아갔다. 막달라 마리아는 남아 있다가 뒤에 서 있던 정원지기에게 예수의 몸을 어디다 두었는지 물었는데, 그가 "마리아야" 하고 불렀다. 마리아가 그가 예수임을 알아보고 "라뿌니"(스승님)라고 답하면서 예수의 몸을 잡으

---

* 이 글은 『연세대학원신문』(2014년 3월 28일자)에 발표한 것을 보완한 것이다.

려 하자, "예수께서 이르시되, 내가 아직 아버지께 올라가지 않았으니, 나를 만지지 마라. 내 형제들에게 가서, 나는 내 아버지시며 너희의 아버지신 분, 내 하느님이시며 너희의 하느님이신 분께 올라간다고 전하여라" 하였고, 이를 막달라 마리아가 제자들에게 전했다.

낭시는 이 장면에서 「요한복음」에만 나타나는 "나를 만지지 마라"(혹은 "붙들지 마라," 그리스어로는 "Mè mou haptou," 라틴어로는 "Noli me tangere"이다. 그리스어에서는 '만지다'와 '붙들다'의 두 가지 의미가 동시에 들어 있었는데 라틴어에서는 '만지다'라는 뜻으로만 축소되었다. 그래서 불어로는 "Ne me touche pas"로 번역되었고, 영어 킹 제임스 판에서는 "Touch me not"이라고 번역되었다. 그러나 영어 표준번역에서는 "Do not hold on me"로 번역되었다. 그 영향인지 한국어 성경에서는 "붙들지 마라"로 번역되었다)라는 예수의 말에 각별히 주목한다. 그는 이 말이 발성된 방식과 그와 관련된 인물들의 모습과 동작, 그리고 이 장면을 그린 숱한 성상화들을 꼼꼼히 분석하고 긴밀히 대조해가면서 그 한마디 말의 문화사회적 의미를 탐색한다.

낭시의 분석을 요약하면 다음과 같다. 첫째. 예수가 구사한 비유parabole의 기능. 예수가 비유를 능숙하게 다루었다는 것은 널리 알려져 있다. 낭시는 예수의 비유가 통상적인 비유들과 달리 이미지를 통해 뜻을 전달하는 게 아니라 오히려 이미지를 보는 능력의 진화를 '고지'하는 방식으로 작동한다는 것을 찾아낸다. 그는 우선, 예수가 "귀 있는 자 들어라"라는 말을 통해 귀를 갖추는 능력을 요구한다는 것을 적시하고, 그 능력을 통해 말의 진의를 찾아내는 행동의 개방을 유도한다는 점을 강조한다. 즉, "비유는 이미지로부터 의미로 나아가지 않는다. 그것은 이미지로부터 어떤 투시로 나아가는 것이다." 말씀은 의미가 아니라 계시가 되고, 형상은 재현이 아니라 실천이 된다. 그리하여 신의 '역사'가 인간의 '사업'으로 전이된다. "나를 만지지 마라"라는 말 역시 '비유'의 범주에 넣었을 때, 이 말을 듣는 자는 그 직접적인 의미의 이행뿐만이 아니라 그 말이 속에 부화시키고 있는 가외의 의미를 찾아 그것을 새로운 삶에 대한 계시로 받아들일 수 있어야 한다.

둘째, 접촉의 거부의 이중적 의미. 비유가 새로운 삶에 대한 계시라는 것은 그것이 "과잉-의미 l'outre-sens"로 넘실댄다는 것을 가리킨다. 그것은 자신의 말을 넘어 나아간다. 새로움은 '현존' 너머, 즉 "주어진 것, 마음대로 다룰 수 있는 것, 여기에 놓인 것을 넘쳐나는 어떤 과잉의 광채" 속에서 열린다. 따라서 "만지지 마라"라는 예수의 말은 이중적으로 읽혀야 한다. 우선 그것은 접촉의 금지로 읽힌다. 그 금지가 의미하는 바가 무엇인가? 성과 속의 엄격한 구분이다. 부활과 함께 예수는 "주님의 오른편에 앉는" 다른 차원의 존재가 되었다. 그 존재를 감히 만진다는 것은 신성을 자신과 동일시하는 오만을 범한다는 함정에 빠질 수 있다. 이것은 실로 개인의 자유와 권리가 넘쳐나는 현대 사회에 미만해 있는 위험 중의 하나이다. 그것은 방종을 자유로 착각하는 사적인 차원에서부터 자신이 일으킨 전쟁을 신의 이름으로 정당화하는 정치적 차원에까지 폭넓게 퍼져 있다. 낭시는 이라크 전쟁이 발발한 직후 첫 새해 벽두(2004년 1월 2일)에 『르몽드』지에 기고한 칼럼, 「유일신교의 세속성Laïcité monothéiste」에서, 세계 3대 유일신교 모두 신앙의 주체성을 만인에게 귀속시키고 있다는 종교의 민주적 성격을 지적하고 유일신의 '하나'는 여럿 중의 특별한 하나가 아니라 모든 수 너머에 있는 절대수임을 주장하면서, 카이저의 세계와 하느님의 왕국 사이에 놓인 근본적인 분리를 "신정 정치가"들이 고의적으로 망각한다는 점을 지적함으로써, 당시 "십자군"이란 용어를 사용하면서 전쟁을 주도한 세력의 망상과 위험성을 에둘러 비판했던 적이 있다. 그럼으로써 그는 "절대적 타자"의 '절대성'의 의미를 상기시켰었다. 즉, "나를 만지지 마라"라는 예수의 말은 인간이 신의 영역을 침범함으로써 신과 자신을 동일시하는 자세가 야기할 수 있는 재앙을 경고한다.

그러나 그것으로 그친다면 우리는 이 말의 문화사회

학적 의미를 민주주의로부터 신정사회로의 퇴행으로 이해할 수도 있다. 민주주의에 대한 모든 경고가 빠져들 수 있는 함정은 인류가 지금까지 개발해온 가장 유효한 사회적 관계 기제의 상대적 우위성을 망각하고 그 전 단계로 돌아가려는 것이다. "나를 만지지 마라"라는 말과 그에 대한 뛰어난 성상화 표현들, 특히 렘브란트와 뒤러의 그림은 바로 그 점에서, 표면의 언어를 넘어서 간다. 이미 우리는 방금 전에 예수의 비유가 이미지로부터 투시로 나아가고, 이 투시는 새로운 삶을 향한 '참여'를 유도한다는 것을 보았다. 만일 저 '말'이 오로지 금지만을 강제한다면 어떻게 삶의 울타리가 허물어질 수 있을 것인가?

낭시에 의하면 "나를 만지지 마라"는 접촉을 금지하는 바로 그 작용으로 동시에 접촉에 대한 욕망을 유지시킨다. 그 말은 단순히 금지라기보다는 "'만지는' 표현법, 모든 맥락을 제거할 때조차도 만지고 있지 않다고 할 수 없는 표현법이다. 이 표현은 접촉하는 동작 일반을 언표하고 있는 것이다. 혹은 접촉이 감각적으로 느껴지는 지점을 만지고 있는 것이다. '만지다'라는 동사가 구성하고 있는 바로 그 지점을 말이다(요컨대 '만지다'라는 동사 자체가 그것이 느껴지는 '그' 지점이다). 그리고 그 동사 안에서 그 느껴지는 지점이 이루고 있는 것을 손대고 있는 것이다."

다만, 이 상황을 만지고 있는 표현이 가리키는 지점은

"정확하게 말하면 '만지다'라는 동사가 범접하고 있지 않은 지점, 접촉(접촉의 기술, 촉감, 접촉을 통해 행할 수 있는 축복)을 시행하기 위해서 [아직] 접촉이 일어나서는 안 되는 지점이다: 그 지점 혹은 넓이 없는 공간은 '만지다'라는 동사가 끌어모으는 것을 분리시키는 지점, 즉 만져지는 것에 대한 접촉과 접촉의 동작 자체를 분리시키는 선線이다."

따라서 접촉의 금지를 넘어 이중의 동작이 추가된다. 하나는 이 접촉 금지라는 상황에 대한 섬세한 정돈으로서의 만짐(손보기)이고, 다른 하나는 이 접촉이 실질적으로 유발하는 만짐의 동작과 만져서는 안 되는 실체 사이의 분리를 둘러싼 끝없는 밀고 당김이다. 이러한 이중적 동작은 실질적으로 인간의 가능성으로서의 자유에 대한 믿음과 그 실행을 적극적으로 부추기면서 동시에 그 자유의 한계와 방향에 대한 부단한 성찰을 나날의 실천으로 만든다. 아마도 이것이 낭시가 예수에 기대어 말하고자 했던 현대 사회의 개인의 윤리학일 것이다.

셋째, 의미의 장소를 지상적 존재에게 담보시키기. 부활한 예수를 만지는 일이 진리에 다가감이라는 뜻을 가지고 있다면, 이상의 논의는 중요한 것은 '진리' 그 자체라기보다는 '다가감'이라는 것을 환기시킨다. 끝없이 다가가되 미치지 못하는 삶, 즉 끝없이 '이루되' 항상 '물러서는' 삶,

다시 환언해, 끝없이 '감행'하되 항상 '반성'하는 삶의 일상적 실행이 핵심이 되는 것이고, 그러한 삶을 운명으로 수락할 수밖에 없는 존재를 의미가 깃들 장소로 지목하는 것이다. 낭시가 이렇게까지 말하진 않았지만, 그럼으로써 지상적 존재에게 주권을 마침내 허용하는 것이 이 문제의 실질적인 포인트이다(이 주권만큼 개인들을 넘어선 특정한 집합체에게 소속시키는 일이 끈질기게 지속된 사항도 드물 것이다). 이것은 부활의 장면에서 예수를 건너 두 사람에게로 의미를 이월시킨다. 우선 정원지기. 예수가 정원지기의 모습을 하고 있었던 것에 대해 낭시는 이렇게 말한다. 부활은 죽은 자를 "소생réanimation"시키는 게 아니다. 그것은 죽음을 "변성altération"시키는 것이다. 왜 그런가? 우리는 예수가 부활했음을 알지만, 그러나 우리가 보고 있는 것은 정원지기이기 때문이다. '소생한 예수'는 어디에도 없다. 만질 수 없으니 어디에도 있을 수 없다. 결국 우리가 깨닫는 것은 죽음으로부터의 돌이킴이 아니라 죽음 속에서의 생명의 일어남이다. "예수의 현존 앞에서 죽음은 생명의 멈춤으로 제한될 수 없다. 죽음은 끊임없이 임박하는 사라짐 안에서도 생명 그 자체가 된다." 그것이 부활의 의미이다. 부활은 죽음을 들어올리는 것이다. 다시 말해, 유한자로 하여금 그의 유한성을 수락하는 자세로 무한을 향해 나아가게 하는 것이다. 낮은 자를 낮은 상태 그 자체로 일으켜 세우는 것이다.

　다음, 막달라 마리아. 예수는 막달라 마리아가 그를 잡으려는 걸 물리치면서 동시에 "나는 [……] 내 하느님이시며 너희의 하느님이신 분께 올라간다고 전하여라"라고 말했다. 즉, 그는 막달라 마리아를 부활의 소식에 대한 최초의 메신저로 파견한 것이다. 이 두 가지 동작의 동시성을 가리키기 위해 많은 성상화들은 예수의 두 손을 다르게 그렸다. "그리스도의 두 손은 빈번히 두 개의 방향을 암시적으로 표시한다. 한 손은 하늘을 가리키고 다른 한 손은 여인을 멈춰 세워 그녀를 저의 소명 쪽으로 돌려놓는다." 즉, 예수는 마리아가 해선 안 될 일과 해야 할 일을 한꺼번에 가르쳐 보여준 것이다. 해선 안 될 일을 통해서 부활의 진실은 확정되지 않고, 해야 할 일을 통해서 그것은 어떤 고정된 의미에 머무르는 대신 앞으로 나아간다. 마리아의 파견을 통해 세상을 향해. 그 사정을 기술하는 낭시의 문장은 아름답다: "사랑과 진리는 만지면서 밀어내는 것이다. [……] 왜냐하면 이 접근은 만짐 그 자체 안에서 그것들이 우리 힘 바깥에 있다는 것을 깨닫게 해주기 때문이다."

　그런데 왜 막달라 마리아인가? 그것은 예수의 진정한 메신저가 선택받은 제자들이라기보다 오히려 비천한 보통 사람이라는 것을 암시한다. 성과 속은, 정신과 육체는 그렇게 하나로 통해야 하는 것이다. 막달라 마리아가 매춘부로

흔히 오해되어온 것도, 그리고 많은 성상화들이 그렇게 그녀를 그려온 것도, 그러한 비천함의 성스러울 가능성이 사람들의 무의식 저변을 흐르고 있기 때문일 것이다.

이제 우리는 낭시가 예수의 부활이라는 상징적 장면을 통해 무엇을 말하고 싶어 했는지 알 것 같다. 그는 대중 지배의 민주주의 사회를 걱정하기보다는 오히려 모두에게 자유가 부여되었다고 가정된 민주 사회의 지상적 존재들의 입장에서 그 '가정'이 펼칠 수 있는 자유의 지평을 헤아렸다고 할 수 있다. 그 지평은 주어진 자유를 행사하는 이미 열린 터전도 아니며, 자유도의 수치가 높은 사람들에게만 열리는 울타리 너머의 신천지도 아니다. 칸트는 『'계몽이란 무엇인가'에 대한 답변』에서 계몽을 "'소수자the minority'로부터 탈출"하는 것이라고 정의했었다. "소수자란, 타자의 인도 없이는 자신의 오성을 사용할 줄 모르는 자"라는 것이었다. 근대의 의식철학을 지배해온 이런 생각은 그런데 지배자the majority와 소수자의 한없는 분열을 방치하고 조장하였다. 20세기 전반기 이후의 예술 혹은 같은 세기 후반기 이후의 철학은 바로 그러한 지배자의 철학을 반성적으로 전복시키는 데서 자신의 할 일을 찾았으니, 소수자로서의 삶이 지배 체제의 동질적이고 고정된 삶의 틀을 깨뜨리고 "잠재성을 확장하고 창조되면서 스스로 창조하는 변화"(질 들뢰즈·펠릭스 가타리, 『카프카―소수문학을 위하여』)를 실천하는 것이라는 생각이 얼마간 소수자들에 의해 형성되었다. 그러나 행동의 원칙은 주어졌으나 그 행동이 체화되기 위한 가능성과 그 몸의 실행으로서의 존재론은 여전히 미답의 황야로 남은 채로 있다. 그것은 "안으로 늘어난in-tense 존재가 되는 것, 짐승이 되기, 감지할 수 없는 존재가 되기"(질 들뢰즈·펠릭스 가타리, 『천 개의 고원』)라는 전위적 모험으로 축소될 성질의 것이 아니다. '소수자'는 실질적으로 자유의 향유로부터 상대적으로 배제당하고 있는 '다수'를 가리키기 때문이다. 체제가 그 다수를 "주체로서 호명"(알튀세르)함으로써 '활용'하는 방식들을 수없이 개발해왔다는 것은 많은 사람들이 일상적으로 경험하고 있는 사실이다. 그리고 바로 그로 인해 다수자의 이름으로 소수자로서 광범위하게 찢겨져 사는 삶이 그 다중의 존재태 자체가 되고 있는 것이다. 낭시의 사색은 바로 그 문제에 대한 고민에서 영근 것이었다고 할 수 있다. 왜냐하면 그것은 "주체로서 호명"되는 바로 그 자리, "마리아야!"라고 불리는 자리에서부터 출발하고 있기 때문이다.

더욱이 이 책은 바로 그 호명으로부터 시작해, 예수, 정원지기, 손들을 거쳐 최종적으로 '막달라 마리아'의 '파견'으로 끝나고 있지 않은가? 그리하여, 결어 직전의 본문의 마지막 문장은 "막달라 마리아는 사라진 이의 진정한 몸이 된다"였던 것이다.

또한 우리는 이에 대한 간접적인 증거도 본다. 다름 아니라 저자가 결어의 마지막 부분에 가서, 예수의 사랑을 프로이트의 "집단적 초자아의 반심리적" "명령"으로 규정하고 있다는 것이다. 이 대목은 저자가 그의 평생의 동료였던 고故 라쿠-라바르트Philippe Lacoue-Labarthe와 함께 쓴 『정치적 공황La panique politique』(Christian Bourgois, 2013)에 이어진다. 이 책은 프로이트가 말년에 개인의 무의식을 넘어서 집단무의식에 대한 탐구로 나아간 일의 곡절과 의미를 캐고 있는데, 두 사람의 해석에 따르면, 집단 심리는 문화를 이루고, 문화는 '사랑의 철회'를 핵심적인 '태도'로서 가진다는 것이다. 그리고 이때 사랑의 철회는 '사랑으로써 사랑을 철회하는 것'이다. 이렇다는 것은 '문화'가 개인의 무의식으로부터 발전하였으면서('사랑'의 지속) 동시에 개인무의식의 차원으로부터 근본적으로 벗어난 새로운 지평('사랑'의 철회)에 위치하는 것임을 가리킨다. 즉, 낭시와 라쿠-라바르트는 프로이트를 통하여 사회적 윤리 혹은 사회적 지평에서의 개인의 윤리가 어떤 형태일 수 있는가를 탐구한 것이라 할 수 있다. 그리고 그 형태는 『나를 만지지 마라』에서 꼼꼼히 반추되고 있는 것이다.

이상의 관찰은, 이른바 18세기의 칸트에서 20세기의 사르트르에까지 이어지는 '근대 의식철학'을 넘어서고자 한 20세기 후반기의 철학이 최종적으로 다다른 하나의 자리로 추정할 수 있는 곳으로 우리를 끌고 간다. 그 자리는 놀랍게도 전 시대의 실패가 당연히 지시할 것만 같은 '개인'의 지평이 아니라 전 시대가 그토록 집착했던 '집단'의 자리이다. 그러나 전 시대의 집착들이 한결같은 맹목으로 보지 못했던 그 자리의 형상이 있는데, 그것은 바로 집단은 '개인들의 관계들로 이루어진 네트워크'라는 것이다. 그에 대한 맹목은 전 시대의 기획을 단일체로서의 집단에 초점을 맞추게 했고 인식과 윤리뿐만 아니라 행동과 미학에 이르기까지 삶의 원리 일체를 그에 근거해서 주조하였으며, 집단의 구성원으로서의 개인들의 삶을 그에 맞추어 강제함으로써, 각 개인들의 고유한 특이성을 말소하게끔 하였다. 라쿠-라바르트와 낭시를 통해서 본 자리는 사람들이 모인 자리라는 뜻으로서의 '집단'의 자리이되, 그 자리는 개별적인 단위로서 존재하는 곳이 아니라 개인들의 수량적 연장이자 그 연장이 형성한 관계망이 첨가된 자리로서 개인들을 바탕으로 개인들 너머에서 새로 열린 자리, 말의 바른 의미에서의 '사회'의 자리이다.

　　그렇게 파악된 사회는 개인들의 특수성을 보존할 뿐만 아니라 그들의 가능성을 그들 자신에게로 돌려주면서 동시에 그 관계로서의 집단의 가능성을 개인들의 가능성 위에서 전망할 수 있게 한다. 이 관점은 사회를 순수히 개인들의 첨단적 결과로서만 파악하는 자유주의적 관점과 개인주의의 대안으로 공동체를 가정했던 집단주의의 관점을 동시에 넘어갈 수 있는 한 가지 길을 보여준다. 이 길을 걸어갈 주체는 보통 사람으로서의 각 개인들이면서 동시에 그 주체들이 이룰 길의 풍경은 산만히 흩어진 듯이 보이지만 실은 다양한 방식으로 연결되어 있는 사람들의 관계망이다. 보통 사람들은 그들 자신이 만드는 이 관계의 변화를 통하여 매번 새로 태어난다. 저 관계는 결코 어떤 상위 단위(지적 차원이든, 인구학적이든, 혹은 이른바 계급투쟁적 시각이든)에 의해서 규정되거나 처방되지 않는다. 오직 보통 사람들 자신의 삶의 반성적 실천만이 저 네트워크 자체와 그 구성원의 변화를 끌고 간다. 낭시는 그의 또 다른 저서 『민주주의의 진실La vérité de la démocratie』(Galilée, 2008)에서, "민주주의의 정신은 [……] 인간이 무한히 인간을 넘어가는 데"(p. 31) 있다고 정의하면서, 이 보통 사람들의 영원한 자기 추월적 행동의 기초를 이루는 "민주주의는 그 자신 내부에 열린 유한 속의 무한의 현존"(p. 38)이라고 말한다. 이 역시 낭시 사유의 한결같은 역선에서 이해될 수 있는바, 이에 근거해 우리의 책이 말하는 '떠남' '들림' '다시 일어섬,' 즉 '부활'의 일상-존재론적 지평을 체감적으로 이해할 수도 있을 것이다.

그리고 이러한 생각은 우리가 짐작하는 것처럼 흔한 생각이 아니다. 우리는 통상 자유주의적 관점이나 집단주의적 관점을 편의적으로 때마다 번갈아 선택하며 살아가고 있다. 그 둘의 한계를 동시에 뚫고 새로운 지평을 열려는 노력은 꽤 오래전부터 시작되었으나, 그것을 일상적 존재론의 차원에서, 다시 말해 보통 사람들의 삶의 실행의 문제로서 제기하는 일은 사실상 이제 겨우 첫걸음을 놓고 있다고 볼 수 있다. 낭시의 성찰은 그 첫걸음의 하나를 이룬다. 이 책을 초군초군 음미하길 바라는 까닭이다.

목회자의 체험적 시각에서 본 부활과
'나를 만지지 마라'

이만형

올해(2014) 사순절 기간에는 '부활'을 주제로 한 설교를 매주 계속하고 있다. 부활은 교회와 그리스도인의 믿음의 핵심이면서도, 이를 고백함으로써 교회와 그리스도인은 이질적인 존재가 된다. 더구나 이 세대 가운데에서 부활을 말하는 일이라니! 그보다는 이 달란트를 잘 싸서 고이 감춰두는 편이 좋지 않을까? 부활하신 주님께서 "나를 만지지 마라"라고 말씀하셨지만, 그보다도, '부활'이야말로 멀찍이서 바라볼 뿐 감히 만지려 해서는 안 되는 주제가 아닐까? 오기를 품고 부활을 설교하는 내 심사가 이래저래 그다지 편치 못하다.

그런데, 아, 이와 같이, 유대인들은 믿지 않은 부활하신 그들의 주님을, 아무런 연고 없는 이방인들이 믿었던 것일

까? 낭시가 이 주제를 꼼꼼히 다루며 예상치 않은 곳곳에서 통찰의 빛을 뿌려대니, 나는 뒤통수를 맞은 느낌이 들었다. 철학과 문학보다는 신학에 관심한 독자로서, 나는 내 신학적 사유의 일천함에 자괴했고, 참으로 하나님의 자녀보다 세상의 자녀가 더 지혜롭다는 말씀이 바로 이를 두고 하신 말씀이구나 싶었다.

나는 이 책이 특별히 복음주의가 지배적인 이 나라 기독교인들에게 매우 소중한 성찰의 기회를 제공할 수 있으리라고 본다. 체험을 신조로 여기는 복음주의의 슬로건이 무엇인가? '만져라!' '거침없이 만져라'가 아닌가? 만질 수 없는 것은 존재하지 않는다! 막달라 마리아가 받은 "나를 만지지 마라"라는 복음보다는 의심 많은 도마가 받은 "두 손 내밀어 만져라"라는 복음을 기뻐하면서. 신성神聖에 접하고 신성과 교감하며, 신성과 합체하고, 마침내 신성을 소유하여, 스스로 신성화하려는 이 대중적 열망 앞에, 유혹 앞에, 목회자들이 얼마나 속절없이 무너지는지…… 도난당한 예수의 몸을 찾아 지금도 텅 빈 무덤가를 헤매는 무리들.

낭시는 "나를 만지지 마라" "나를 아직 만지지 마라"는 말씀을 또 다른 율법으로서가 아니라, 새로운 은혜로 귀에 담으라고 주문한다. 접촉接觸함으로써 저촉抵觸된다. 하나님이 거룩하신 것처럼, 내가 거룩한 것처럼, 너도 거룩해야 한다. 낭시는 볼 수 없는 것을 수없이 봄에 대해, 들을 수 없는 것을 수없이 들음에 대해, 열 수 없는 것을 수없이 엶에 대해, 앎에 대해, 불가능한 가능성에 대해, 아니, 불가능이라는 가능성에 대해, 그러므로 마침내 기적에 대해 말하고 있다. 기적 없이는 삶은 불가능하다고. 죽음조차 불가능하다고. 소통communication이 불가능한 것은 물론이다.

아, 거기에서 어떤 부활이 일어나고 있었다. 마리아의 눈이 열리고, 그녀의 귀가 열리고, 그녀의 마음이 열리고, 무덤 문이 열리고, 그녀가 자신의 오라버니 나사로와 함께 죽은 자들의 무덤 저편으로부터 이편으로 걸어 나오고 있었다. 향유를 깨뜨려 예수의 죽음의 냄새를 가장 먼저 맡은 마리아는, 그럼으로써 부활하신 라뿌니의 첫 증인이 되었다. 나는 『나를 만지지 마라』를 그렇게 부활의 긴 설교로 듣고 있었다.

그럼에도 불구하고, 명색이 부활하신 예수 그리스도를 증거해야 할 목회자로서 한마디 끼워 넣지 않을 수 없다. 낭시는 마리아의 간절한 눈끝, 여린 손끝에 보다 주목하고 주의하는 것은 아닐까? 그녀의 귓가를 맴도는 음향에 취하는 것은 아닐까? 그때 손가락의 미세한 움직임을 보되, 손가락이 가리키는 저 달은 사라지는eclipse 것은 아닐까? 손가락이 달을 가리지는 않을까?

문학이 마침내 언어들을 지나 말씀을 가리키고, 철학

이 마침내 솔로몬의 지혜와 명철을 불러들인다 하더라도, 아니, 신학이 이 세대 중에서도 부활을 주제삼기를 더 이상 부끄러워하지 않는다 하더라도, 그리하여 마침내 만짐과 만져짐의 변증법으로 또는 현상학으로 우리의 믿음을 견고히 세운다 하더라도, 한 가지 물음이 남아 있다. "나를 만지지 마라"는 내면의 독백도 아니고, 종교적인 금기도 아니다. 시한폭탄은 더욱 아니다. "나를 만지지 마라"라고 말하는 '나'는 누구인가? 도대체 '나'가 누구이기에, 무슨 권한으로, 무슨 권리로, 무슨 의미로 이렇게 말하는가?

이 말은 부활하신 예수에 의해 발성되었다. 부활 이전이 아니라 부활 이후에. 보다 정확히 말하자면 부활과 승천昇天의 사이에. 이 기간은 직접적인 만짐이 아직 유예되는 기간이다. 만지려 하나, 만질 수 없는 기간이다. 아니, 긍정적으로 말해서, 믿음의 언어로 말해서, 만지지 않음으로써 만지는 기간이다. 보지 못하고 믿는 자들이 복된 기간이다. 이 특정한 예수를 말하지 않고 만짐이라는 현상 자체를 살피는 일로 시종한다면, 낭시의 성취는 제한적이 될 수 있다. 적어도 성경에서는, 예수 없는 "나를 만지지 마라"는 의미 없다.

"나를 만지지 마라"는 말씀은 어디서나 어느 때나 통용될 수 있는 일반적인 진리가 아니다. '우리 회사 제품 옷을 사 입지 마라'라는 의류회사의 반어적인 광고와 같지도 않다. 이 말씀은, 무엇보다도 '나' 곧 예수 자신을 알리고 있었다. 마리아의 주님으로서, 그가 거기서 그녀에게 그렇게 지시 명령하고 있었다.

물론 낭시에게 이러한 요구를 할 수는 없는 노릇이다. 오히려 그의 이만 한 경외와 경건에 감사함이 마땅하다. 부활에 대해 그보다 더 잘 말할 수 있겠는가? 이제부터라도 부활 이후post-Easter를 살 수 있겠는가? "나를 만지지 마라"는 이 말씀을 듣고, "아멘, 주 예수여, 오시옵소서!"를 말할 수 있겠는가? 이게 문제다. 다시 삶이 없이는, 삶 그 자체가 불가능하다. 다시 삶이 없이는, 사는 게 사는 게 아니다.

부활절, 새 봄을 바라보며.

이 책은 장-뤽 낭시Jean-Luc Nancy가 쓴 『나를 만지지 마라 *Noli me tangere*』(Bayard, 2003)를 번역한 것이다. 이 책은 '몸의 들림,' 즉 예수의 부활에 대한 책이다. 그러나 신앙 교리서나 종교적 심성을 해명한 게 아니라, '부활'이라는 초인간적 사건을 인간의 삶 안으로 투영시킴으로써 사람의 일상적 존재론에 대한 성찰을 꾀했다. 그 성찰이 상투적이지 않고 독창적이고 섬세하면서도 오늘날의 상황에 유의미한 이정표의 역할을 할 수 있으리라고 판단하여 번역하게 되었다.

　낭시의 책이 이미 여러 권 번역되었으므로 그의 논법에 익숙한 분들도 있겠으나 그의 논리가 쉽지는 않다. 그러나 그 까다로움에는 그 나름의 충분한 이유가 있으며 그 까

닭을 이해하게 되면 여러 번 가보았던 장소를 처음 가보는 듯한 느낌으로 말의 흐름에 푹 잠기는 즐거운 원족을 경험할 수 있다. 이 책 역시, '비유parabole'라는 예수 특유의 말법에서 시작하여 부활의 장면에 대한 예기치 않은 분석과 화가들의 그림을 비롯한 예술적 표현들을 거쳐, 마리아 막달레나의 이야기로 끝나는데, 그 굴곡이 간단치가 않아 독자에 따라서는 대공원의 '마법소'에 들어간 듯이 가슴만 두근거릴 수도 있으리라. 하지만 저자가 의도적으로 숨겨놓은 이야기의 뿌리를 이루는 생각을 더듬어 다시 보면, 발견과 경이의 폭죽이 사방에서 터지며 이야기가 열려나가는 광경을 목격하게 될 것이다.

가령, 이렇게 생각할 수도 있다. 저자가 은근히 암시하고 있지만 이 책에서 예수의 진리는 종교적이라기보다 오히려 문학적인 혹은 예술적인 울림을 품고 있으며, 그것을 받아들일 때 하나님의 오른편에 앉으신 분의 말씀을 먼 하늘의 천둥으로가 아니라 이 땅 안에서 직접 벌어지는 사건으로 생생하게 느끼고 이해할 수 있다는 생각에 바탕을 두고 있기 때문에, 무엇보다도 예수의 말하는 '방법'으로부터 시작해 인간적 표현들을 거쳐 가장 낮은 곳에 위치한 사람의 일을 향해 나아가는 굴곡을 그리게 되었다고 말이다.

그러나 이러한 짐작 역시 한 사람의 독자가 세워본 제 나름의 거푸집일 뿐으로 독자들은 저마다 스스로의 묘상을

꾸며 그에 맞추어 저자의 생각을 함께 가꾸어나가는 일에 참여할 수 있을 것이다. 아마도 저자가 자신의 의도를 노골적으로 드러내지 않는 것은 독자에게 직접 그를 대행하게 하여 타자를 제 안에서 키우는 자유를 권하고자 함이었으리라. 또한 그것은 이 책의 궁극적인 전언과 상통한다는 게 옮긴이들의 판단이다.

옮긴이의 해설들은 각각 그런 생각하에 씌어진 '한 편의' 해석본에 해당한다. 때로는 그것이 독자들의 해석이 활활 타오르도록 부채질할 풀무 역할을 할 수도 있으니(아니 단지, 그럴 수 있기를 기대할 뿐이거니와), 호기심이 당긴 분들은 목적지로 가기 전에 잠시 거기를 경유하는 것도 좋을 것이다.

번역 과정은 우선 정과리가 초역을 하고, 이만형이 영어 번역본을 참조하며 특히 종교적인 부분을 유의하여 검토한 후, 서로 상의하여 최종본을 만드는 절차로 이루어졌다. 이 과정은 아주 공평하게 분담되었으며, 따라서 번역에 관한 모든 권리와 책임은 두 사람에게 똑같이 귀속된다.

옮긴이들에게 이 번역은 무엇보다도 30여 년 전 혹독했던 군대 훈련소에서 맺은 우정의 여문 결실이라는 점에서 각별한 의미를 갖는다. 한 사람의 경건한 심성은 상대방의 자유에 대한 갈망을 숭고함에 대한 관심 쪽으로 유도했고, 또 한 사람의 문학적 취향은 상대방의 독실성을 인문학의 분면으로 뻗어나가게 했다. 둘은 서로 다른 성향의 어긋남을 의식하며 오래 대화했으며 두 사람 모두 상대방의 이질성이 발견의 신비로 작용하는 체험을 자주 겪었다. 오늘의 번역은 그러한 체험이 의도된 실천의 양태로 개진된 경우라 할 수 있다. 이 길쭉하고도 두터운 우정의 나무 위에 올라 지난날을 되돌아보는 감회가 어찌 무심할 수 있으랴. 우리는 이 번역을 우리 생애의 가장 소중한 추억의 하나로 남기고자 한다.

이 책에 등장하는 성경 말씀들의 한국어 번역은 한국천주교주교회의가 편찬한 『성경』(2013)을 원칙적으로 따랐으며, 프랑스 역본과 큰 차이가 있을 때는 문맥에 맞추어 수정하였다.

러시아 문학에 대해 조언을 준 아주대학교의 이병훈 교수에게 그리고 그리스어에 대해 도움을 준 연세대학교 조대호 교수에게 감사드린다. 이 책의 번역이 끝나기를 오랫동안 기다려준 문학과지성사에게는 곱절의 미안함을, 편집과 교정을 주도하며 면밀한 검토를 통해 결정적인 오역들을 바로잡아준 김현주 편집장에게는 각별한 고마움을 표해야 할 것이다.

2015년 2월
이만형·정과리